초등학생을 위한
좋은 심리 습관
4 적극적인 아이

小学生心理学漫画 5：积极力 BY 小禾心理研究所
Copyright © 2019 by 小禾心理研究所
All rights reserved
Korean copyright © 2022 by Orange Pencil Book
Korean language edition arranged with Dook Media Group Ltd.
Through EntersKorea Co., Ltd.

이 책의 한국어판 저작권은 엔터스코리아를 통한 저작권자와의 독점 계약으로
도서출판 오렌지연필이 소유합니다.
신 저작권법에 의하여 한국 내에서 보호를 받는 저작물이므로
무단 전재와 무단 복제를 금합니다.

**초등학생을 위한
좋은 심리 습관**
4 적극적인 아이

초판 1쇄 인쇄 2022년 3월 15일
초판 1쇄 발행 2022년 3월 25일

지은이 | 샤오허 심리연구소
옮긴이 | 이에스더
펴낸이 | 박찬욱
펴낸곳 | 오렌지연필
주　소 | (10550) 경기도 고양시 덕양구 삼원로 73 한일윈스타 1422호
전　화 | 070-8700-8767
팩　스 | 031-814-8769
메　일 | orangepencilbook@naver.com

편　집 | 미토스
디자인 | 모티브

ⓒ 오렌지연필

ISBN 979-11-89922-24-5 (74320)
　　　979-11-89922-27-6 (세트)

* 잘못 만들어진 책은 구입처에서 교환 가능합니다.

초등학생을 위한 좋은 심리 습관

4 적극적인 아이

샤오허 심리연구소 지음

이에스더 옮김

오렌지연필

들어가는 말

아이가 공부할 때 혹은 생활할 때, 적극적이지 않은가요? 무엇을 하든 스스로 하려는 마음이 부족하고, 늘 재촉하고 알려줘야 간신히 하고, 작은 일에도 쉽게 상처받아 의기소침해지고, 심지어 중간에 포기해 버리는 모습을 보이나요? 아이의 성장 과정에서 보이는 생활의 적극성 문제는 부모님을 고민에 빠지게 합니다.

사실 초등학교 단계의 아이가 이전과는 완전히 다른 '학급'이라는 단체와 그에 걸맞은 학습 방식을 마주했을 때, 이성적으로는 대비하고 탐구하려는 의식이 더 강해지는 한편 감정적으로는 적극적이지 못한 반응을 쉽게 드러냅니다. 자신의 안전지대, 휴식처를 지키려는 것은 정상적인 반응이죠. 학교생활 면에서 적극적으로 인간관계를 맺지 않고 자신만의 세계에 매몰된 모습을 보일 수 있고, 공부 면에서는 좋아하지 않는 수업이나 숙제를 할 때 심한 경우 공부를 거부하기도 합니다.

이런 모습을 발견했을 때 부모님 대개가 그 즉시 아이의 생활에 간섭하려고 합니다. 이런 급박한 심리는 충분히 이해할 수 있습니다. 부모님이 적절하게 간섭하는 것도 아이의 적극성을 높이는 데 도움을 주니까요. 하지만 간섭이 지나치면 오히려 적극성에 나쁜 영향을 끼쳐 더 안 좋은 결과를 낳을 수 있습니다.

그렇다면 과연 어떻게 해야 수동적인 아이를 능동적인 아이로 바꿀 수 있을까요? 엄밀히 말하면 이는 아이의 성장 과정 속 심리 변화에 달렸습니다. 외부의 영향과 누군가의 재촉은 아이의 능동적인 학습과 적극적인 생활을 이끌어 내지 못합니다. 아이 자신의 의식과 인지가 변해야만 '더 많이 배우고 더 많은 것을 하고 싶다'라는 생각이 생겨날 수 있습니다. 다시 말해 인지 훈련과 실전 연습을 통할 때 의식과 행동 습관을 바꿀뿐더러 적극성을 높일 수 있는 것입니다.

적극성을 높이는 방법을 익히고 훈련하면, 그 효과는 아이의 일상생활 전반에 걸쳐 확연히 드러납니다. 스스로 일상생활 속 문제를 대하는 방법을 바꾸고, 공부할 때 뭔가를 더 알고자 하는 등 모든 면에서 능동적인 아이로 변화합니다.

아이 스스로 더 많이 배우고 더 많은 것을 하려 할 때 탁월한 인격과 성격적 매력이 형성됩니다.

우리의 아이가 이 책과 함께한다면 단언컨대 자기 자신을 주도적으로 관리하며 매사에 적극적으로 임하는 진취적인 사람이 될 것입니다.

책 사용 설명서

생활환경이 거듭 개선되고 정보 또한 갈수록 늘어나며 물질적·정신적으로 필요한 것들을 얻는 방식이 편리해지면서 '능동적으로 의식하고 행동하며 적극적으로 생활하는 아이가 되려면 어떻게 해야 할까?'라는 물음이 부각되고 있습니다. 이에 따라 이 책은 '적극성'을 인지하고 이를 강화하는 훈련 내용을 담았는데, 가장 현실적인 생활환경과 가장 자주 겪는 실생활 문제를 통해 아이가 일상에서 온전히 깨닫고 활용할 수 있도록 했습니다.

모든 내용은 '더 많이 배우기'와 '더 많은 행동하기' 두 가지 핵심을 바탕으로 하고 있습니다. 이를 따라가다 보면 아이는 공부할 때든 생활할 때든 매사에 적극적이고 능동적인 태도를 유지할 수 있을 것입니다. 총 5장 40가지 상황으로 적극성 키우기 훈련을 구성했으니, 처음부터 끝까지 순서대로 훈련해도 좋고 실제 상황에 걸맞은 장을 골라 훈련해도 좋습니다.

제 1 장

인식 편은 적극성이 무엇인지, 왜 더 많이 배우고 더 많이 행동해야 하는지 그 이유를 설명했습니다. 이것들의 중요성을 명확히 알 때 적극성을 키우는 훈련에 더욱 집중하고 열심히 할 수 있습니다.

제 2 장

대처 편은 생활할 때나 공부할 때, 아이의 적극성을 해치는 문제들을 다루었습니다. 예를 들어 시험을 망치거나 친구관계가 깨졌을 때, 선생님께 혼났을 때 등입니다. 이런 문제가 생겼을 때 열정을 계속 유지할 대처법을 알면 아이의 심리 조절 능력이 향상될 것입니다.

제 3 장

실천 편은 문제에 부딪혔을 때 위축되지 않고 그것을 능동적으로 해결하는 법을 밝혔습니다. 예를 들어 어떤 과목만 편애하거나 공부를 싫어할 때, 부모님 모임에 함께 가야 할 때, 집안일을 분담해야 할 때 등입니다. 대개는 이런 문제 앞에서 가장 먼저 도망치는 것을 선택하는데, 이럴 때 수동적인 태도의 씨앗이 싹틉니다. 역시나 가장 좋은 방법은 스스로 문제를 해결하는 법을 배우는 것입니다.

제 4 장

방법 편은 적극성을 키우고 강화하는 방법들을 담았습니다. 예를 들어 감정을 몰입하는 법, 스스로 공부하는 능력을 기르는 법, 노력하는 사람이 되는 법, 독서하는 습관을 기르는 법 등입니다. 이런 방법들은 더 빨리 적극성을 키우는 데 도움을 주고, 이로써 생활하는 법, 삶을 사랑하는 법 등도 깨닫게 할 것입니다.

제 5 장

성격 만들기 편은 적극성의 연장선으로, 실패 두려워하지 않기, 낙관적인 마음 갖기 등을 살펴봅니다. 이러한 것들을 성격화하면 '더 많이 배우고' '더 많이 행동하는' 적극적인 사람이 될 겁니다.

차례

들어가는 말 ★ 4
책 사용 설명서 ★ 6

제1장 인식 편
01 _ 적극성이란 무엇일까요? ★ 16
02 _ 더 많이 배우고 싶어요 ★ 19
03 _ 더 많은 일을 하고 싶어요 ★ 22

제2장 대처 편
04 _ 임원 선거에서 떨어졌어요 ★ 36
05 _ 시험을 망쳤어요 ★ 39
06 _ 학교에서 비웃음을 당했어요 ★ 42
07 _ 친구관계가 깨졌어요 ★ 45
08 _ 운동하다가 다쳤어요 ★ 48
09 _ 선생님께 혼났어요 ★ 51
10 _ 열심히 공부했는데도 성적이 오르지 않아요 ★ 54
11 _ 실수할까 봐 늘 두려워요 ★ 57
12 _ 친구들과 함께 이야기할 주제가 없어요 ★ 61
13 _ 아는 것도, 할 줄 아는 것도 없는 거 같아요 ★ 65

제3장 실천 편
14 _ 낯선 분야를 접했을 때 ★ 78
15 _ 어떤 과목만 편애할 때 ★ 81
16 _ 어려운 일이 생겼을 때 ★ 84
17 _ 공부에 싫증을 느낄 때 ★ 87
18 _ 부모님이 모임에 우리를 데리고 가요 ★ 90
19 _ 집안일은 분담해야 해요 ★ 93
20 _ 나도 저 친구처럼 될 거야 ★ 96
21 _ 자만하지 않아요 ★ 99

제4장 방법 편

22 _ 몰입하는 감정을 길러요 ★ 110

23 _ 만족감을 느끼는 법을 배워요 ★ 113

24 _ 긍정적인 심리 상태를 만들어요 ★ 116

25 _ 노력하는 사람이 돼요 ★ 119

26 _ 호기심을 길러요 ★ 122

27 _ 발전을 추구하는 마음을 길러요 ★ 125

28 _ 스스로 공부하는 힘을 길러요 ★ 128

29 _ 공부 방법을 익혀요 ★ 131

30 _ 독서하는 습관을 길러요 ★ 134

31 _ 다른 사람에게 조언을 구해요 ★ 137

32 _ 식견을 길러요 ★ 140

제5장 성격 만들기 편

33 _ 자율적인 성격 ★ 152

34 _ 선택하는 법을 배워요 ★ 155

35 _ 자신만의 취미를 만들어요 ★ 158

36 _ 실패를 두려워하지 마요 ★ 161

37 _ 낙관적인 마음을 가져요 ★ 164

38 _ 과학을 사랑해요 ★ 168

39 _ 스포츠 정신 ★ 171

40 _ 꿈을 가져요 ★ 174

제 1 장
인식 편

★ **저는 더 많이 배워야 해요.**

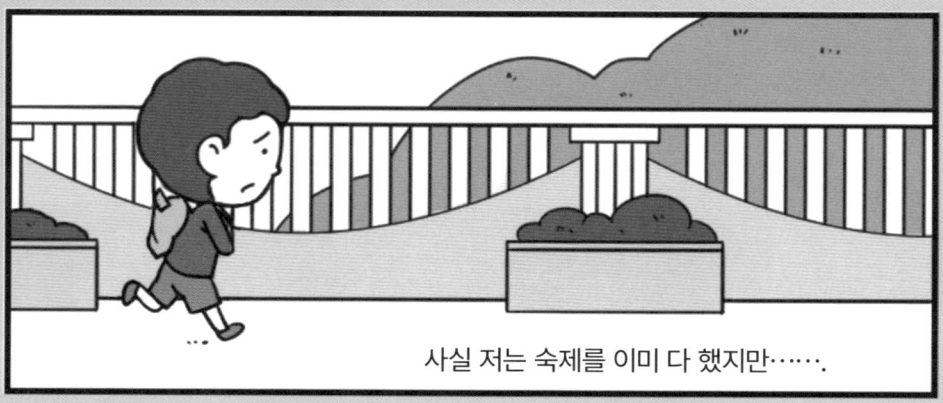

다음 날

더 많이 배우려는 마음도 적극성이라고 할 수 있어요. 적극성에 관하여 또 무엇을 알 수 있을까요? 우리 함께 다음 상황을 살펴봐요.

 적극성이란 무엇일까요?

적극성이란 무엇일까요? 아마 많은 친구가 이 질문에 대답하기를 어려워할 거예요. 그럼 다른 관점으로 적극성에 대해 알아보기로 해요. 부모님께 이런 말을 들어 본 적이 있을 거예요. "너는 너무 게을러", "부지런하게 행동할 수는 없니?" 등등. 사실 부모님의 이런 말씀은 여러분이 덜 적극적이라는 뜻이에요. 적극성이 없다는 말이죠.

여러분이 충분히 적극적이라면 여러 일에 대해 '하고 싶다' 혹은 '매우 하고 싶다'는 마음이 들 거예요. 이런 마음은 공부할 때나 생활할 때 나타나요. 더 많이 배우고 싶고 더 많은 것을 하고 싶어지는 거예요.

mentality
적극적이지 않은 마음

- 나는 배우고 싶지 않아. 그렇게 많은 것을 알아서 뭐 해?
- 친구들한테 하라고 하면 돼. 잘되면 함께 즐기면 되고, 잘 안되면 책임지지 않아도 되니까.
- 다시는 질문에 대답하지 않을 거야. 혹시 대답이 틀리면 친구들이 비웃을지도 몰라.
- 아무것도 하고 싶지 않아. 그냥 게으른 사람이 될래. 간섭하지 마.

적극적인 마음
mentality

이것들은 정말 재밌어. 이것들에 대해서 더 많이 배워야지!

친구들이 정말 열심히 하네. 나도 힘내야지.

부모님도 힘드실 텐데 내가 공부를 좀 더 해서 부담을 덜어 드려야지.

나도 저 친구처럼 좋은 성적을 받을 수 있다면 좋을 텐데. 그래, 지금부터 열심히 하는 거야!

연습 & 설명

1 적극성이 없는 것은 사실 목표와 힘이 없는 거예요.

배우든 안 배우든, 하든 안 하든 똑같은 것 같아.
배우는 게 무슨 소용인지 모르겠어.
여러 가지 일을 하고 싶지는 않아.

왜 적극성이 없을까요? 사실은 목표와 힘이 없기 때문이에요. 힘이 없다는 말은 뭔가를 할 때 쉽게 열정이 사라진다는 뜻이고, 목표가 없다는 말은 '배우든 안 배우든', '하든 안 하든' 똑같다고 생각한다는 뜻이에요. 적극성을 높이려면 공부하고 생활할 때 목표를 정하고 힘을 내야 해요.

2 적극성이 있으면 효율이 높아지고, 어떤 일을 더 쉽게 해낼 수 있어요.

숙제를 이렇게나 빨리 끝내다니.
와, 저 친구 정말 대단하다!

똑같은 일을 해도 적극성을 가지고 할 때와 그렇지 않을 때의 과정과 결과는 서로 달라요. 적극성이 있으면 일을 할 때 열정과 힘이 넘치고 스스로 하려는 마음도 강하기 때문에, 효율이 크게 높아지고 일도 빠르게 해낼 수 있어요. 하지만 적극성이 없으면 대부분 누가 시켜서 하거나 억지로 하기 쉽고, 결과 또한 좋지 않을 수 있어요.

3 자신을 격려하는 법을 배우고, 빠르게 적극성을 높여요.

친구들도 잘하는데 나도 할 수 있어!

빠르게 적극성을 높이고 싶을 때, 가장 직접적이고 중요한 방법은 바로 자신을 격려하는 거예요. 자신을 격려하면 빠르게 자신감을 얻을 수 있고, 갑자기 어떤 일이 생겨 좌절하거나 힘든 일이 생겼을 때 우리의 적극성을 회복시키고 보호해 줄 수 있어요. 그러니 스스로에게 '나는 ~할 거야', '나는 ~하고 싶어', '나도 할 수 있어' 등의 말을 해 봐요.

심리학 박사님과 이야기 나누기

'인생에서 열 개 중 여덟아홉 개는 마음먹은 대로 되지 않는다'는 말이 있어요. 이것은 뒤집어 생각해 보자면 마음먹은 대로 되지 않는 여덟아홉 개를 빼면 최소한 한두 개는 마음먹은 대로 되는 일, 즐겁고 위로가 되는 일이라는 뜻이에요. 즐거운 생활을 위해서는 그 한두 가지 좋은 일에 대해 자주 생각해야 해요. 그래야 이 일들이 있어서 다행이라는 생각이 들고, 이를 소중히 여길 수 있어요. 또 마음먹은 대로 되지 않는 여덟아홉 개 때문에 무너지지 않을 수 있죠.
적극 심리학은 쉽게 말하면 바로 그 '한두 가지를 자주 생각하는' 적극적인 마음에 관한 거예요. 어떻게 해야 생활을 가장 좋은 상태로 유지할 수 있는지, 어떻게 해야 적극적이고 희망이 가득하며 살아 움직이는 힘을 뿜어내는 마음 상태를 지닐 수 있는지에 대한 거고요. 적극 심리학은 심리학 영역에서 일어난 혁명이라고 말할 수 있어요. 인류 사회의 발전 역사 속의 새로운 이정표이고 적극성의 관점에서 전통 심리학을 연구한 새로운 과학인 것이죠.
이런 배경을 바탕으로 우리는 자신을 더욱 발전시키기 위해 '적극성'에 관한 지식을 더 많이 알아야 한답니다!

더 많이 배우고 싶어요

우리와 같은 성장 단계에서 적극성은 공부할 때 더 많이 드러나요. 제일 큰 특징은 아마도 '더 많이 배우고 싶다'라는 생각이 드는 것이에요. 다시 말해 뭔가를 배우고 싶은 마음이 더 강해지고, 더 많이 알고 싶어진다는 거죠. 그러면 공부할 때 스스로 하려는 마음과 힘이 더 강해져서 부모님이 시키지 않아도 공부할 수 있어요. 어떤 과목만 편애한다거나 자만하는 일도 없지요.
그 외에도 적극성이 있으면 학교 성적이 오를 뿐만 아니라 생활에 필요한 갖가지 상식과 지식에도 큰 흥미와 호기심을 가질 수 있어요.

더 많이 배우려고 할 때 생길 수 있는 마음 (mentality)

- 조금만 알면 돼, 그렇게 많이 알고 싶지 않아.
- 난 국어는 못하지만, 수학은 잘하는데 뭐가 걱정이야?
- 학교 성적에 도움도 안되는데 쓸데없는 걸 그렇게 많이 배워서 뭐 해?
- 이건 너무 어려워서 배우려면 정말 힘이 들 거야. 안 배울래.

심리분석 & 힌트

1. 모든 과목을 다 열심히 해야 해요. 그렇지 않으면 전체 성적에 영향을 줄 거예요.

2. 친구들보다 아는 것이 너무 적다면 더 노력해야 해요!

3. 기본적인 생활 상식도 모르는 공붓벌레가 돼서는 안 돼요!

4. 아무것도 모른다면 안 되겠죠! 책을 많이 읽어야 해요.

연습 & 설명

1 겸손한 마음을 유지하는 법을 배워요.

저는 겸손한 마음을 유지하면서 더 많이 알고 싶어요!

공부에 적극성이 없는 이유는 자만하기 때문인 경우가 많아요. 예를 들어 조금만 알아도 전부 다 알았다고 생각하거나 정답만 알고 그 이유나 문제를 푸는 방법을 알려고 하지 않는 것이죠. 그러니 늘 겸손한 마음을 유지해야 하고, 자신보다 더 뛰어난 친구들과 자신을 비교해 보는 '비교 심리'를 활용해야 해요.

2 잘못된 생각: 이건 '배울 필요가 있는' 것, 저건 '배울 필요 없는' 것.

수영이 당장의 진학이나 성적과는 관련이 없더라도 배울 필요가 없다고 생각해선 안 돼.

공부에 대한 스트레스를 너무 많이 받아서 '배울 필요가 있는' 것과 '배울 필요가 없는' 것이라는 기준에 따라 어떤 것을 공부할지 말지를 결정할 때가 있어요. 예를 들어 진학이나 성적, 시험과 관련이 없는 것은 쉽게 필요 없는 것으로 생각해 버리죠. 그러면 뭔가를 배우고 싶은 마음이 약해지고 결국 일상 대부분의 영역에서 적극성을 잃게 돼요.

3 어려운 일이 생겨도 겁내지 마요.

그래! 저 친구도 할 수 있는데 내가 왜 못하겠어?

공부에 적극성을 잃어버리는 것은 어떤 어려운 일이 생겼기 때문일 수도 있어요. 뭔가를 배우고 어떤 기술을 익히는 데 너무 많은 노력이 필요하면 어려운 일이라고 느끼고 움츠러드는 것이죠. 이런 일이 생겼을 때는 자신을 격려하는 것이 매우 중요해요.
이럴 때는 비교하는 방식으로 자신을 격려할 수 있어요. "저 친구도 할 수 있는데 내가 왜 못하겠어?"라고 말이에요.

'정서'는 공부를 시작할 때 통과하는 첫 번째 문이에요. 부정적인 정서는 사람의 생각을 묶어 버려요. 여러 줄이 서로 복잡하게 묶이면 풀 수 없는 것처럼, 우리의 머릿속과 마음속의 생각들을 제대로 알 수 없게 만들어요. 하지만 적극적인 마음은 우리의 생각이 막힘없이 서로 연결되도록 만들어서 공부할 때 '더하기, 빼기, 곱하기, 나누기'를 할 수 있게 해 준답니다.

① 더하기: 생각을 확장하는 것이에요. 예를 들어 어느 날 공부를 하다 어떤 것에 흥미를 느꼈을 때, 공부하고 남는 시간에 그것에 대한 자료나 정보를 찾아보면 원래 알던 지식의 범위가 더 넓어지고 더 깊게 이해하게 돼요. 그 지식을 자신을 위해 사용하는 것이죠.

② 빼기: 중요하지 않거나 의미 없는 부정적인 정보들은 잊히게 놔두고, 자신을 발전시킬 정보를 습득하여 저장하는 데 힘쓰는 거예요.

③ 곱하기: 계속 다시 돌이켜보고 복습하면서 지식을 더욱 확실하게 익히는 것이에요. 그렇게 해야 그 지식이 앞으로의 생활에서 더 좋은 효과를 낼 수 있어요.

④ 나누기: 자신이 배운 지식과 얻은 경험을 분류하고 정리해 체계적인 지식으로 만드는 것이에요.

심리학 박사님과 이야기 나누기

 더 많은 일을 하고 싶어요

"이것도 하기 싫고, 저것도 하기 싫어", "나는 정말 게으르고, 움직이길 싫어하는 것 같아" 등등……. 적극성이 너무 낮으면 행동하는 능력도 약해져서 부모님이 지켜보아야만 할 일을 마무리하는 경우가 많아요.

적극성을 띠는 친구에게선 '의욕이 넘치고', '더 많은 일을 하고 싶은' 심리 상태가 그대로 드러나요. 예컨대 운동을 많이 하고 싶다거나 친구들을 많이 도와주고 싶다거나 친구들을 더 많이 사귀고 싶다는 마음이 드러나는 것이죠. 열정으로 가득 찬 심리 상태는 우리를 더욱 적극적인 사람으로 보이게 만들어요.

mentality
더 많은 일을 하려고 할 때 생길 수 있는 마음

1. 전부 다 하기 싫어. 왜 그런지도 모르겠어.	2. 늦잠을 잘 수 없다니, 너무 손해가 커. 이번엔 축구하러 가지 말아야지.
3. 친구들이 날 좋아할지 안 좋아할지 모르겠어. 됐어! 가서 인사하지 않을래.	4. 할 수 있지만 하지 않을래. 이 일을 하는 게 무슨 소용인지 잘 모르겠어.

심리분석 & 힌트

1. 아침에 일어나서 운동하면 건강에 도움 돼요. 그러니 계속 운동해요!

2. 도움이 필요한 사람이 많아요. 우리는 사람들을 도와야 해요!

3. 이번에 실패했다면 다음번에는 성공할지도 몰라요. 계속해 봐요!

4. 친구가 너무 적어요. 친구를 많이 사귀는 것이 좋아요!

연습 & 설명

1 '생각만' 하는 것에서 '행동하는' 것으로.

매일 그냥 '생각'만 하면 안 돼. 행동으로 옮겨야지!

일반적으로 '생각'은 기초일 뿐이에요. 물론 기초도 매우 중요하지만, 적극성이 부족하면 그저 생각하는 단계에 멈춰 서서 꾸물거리기만 하고 행동하지 않게 돼요. 어떤 일의 최종 단계에서는 역시 행동력이 필요해요. 즉, 생각이 끝났다면 가서 해야 하는 것이죠. 행동해야만 결과가 있답니다.

2 하기 싫은 데에는 천 가지의 핑계가 있어요.

맞아. 앞으로는 핑계 대지 말아야지.

적극성이 없으면 수많은 핑계를 찾아 중간에 포기하고 말아요. 예를 들어 아침 운동을 하려고 할 때, "너무 일러", "더 자고 싶어" 등의 핑계를 댈 수 있어요. 핑계를 너무 자주 대면 적극성에 악영향을 끼쳐요. 핑계 대는 일을 줄이려고 노력해 봐요.

3 하고 싶은 데에도 천 가지의 이유가 있어요.

할 이유를 많이 생각하면서 생활에 적극성을 높여야 해.

행동력 있는 친구는 대부분 확실한 목표와 힘이 있어요. 간단하게 말하자면, '하고 싶은 이유'가 있는 것이죠. 어떤 행동을 할 때 우리는 그것을 할 여러 이유를 찾아볼 수 있어요. 예를 들어 부모님을 도와 집안일을 할 이유는 정말 많아요. '부모님이 너무 힘드시니까 내가 집안일을 분담해 드려야지', '나도 가족의 한 사람이니까 원래 당연히 해야 하는 거야' 등이 있어요.

심리학 박사님과 이야기 나누기

'시간관리'라는 말을 들어 보았을 거예요.
시간관리 이론에서 중요한 개념 중 하나는 해야 할 일을 급한 일, 급하지 않은 일, 중요한 일, 중요하지 않은 일에 따라 배열하고 조합해서 네 가지 등급으로 분류하는 거예요. 이렇게 네 등급으로 나누면 해야 할 일들에 대해 더욱 확실히 알고 효과적으로 시간을 관리할 수 있답니다.

① 1등급: 급하고 중요한 일. 이런 일은 시급하고 큰 영향을 주는 일이기 때문에 반드시 먼저 처리해야 해요. 예컨대 내일까지 꼭 내야 하는 숙제, 중요한 단체 활동 등이 있어요.

② 2등급: 중요하지만 급하지 않은 일. 이런 일은 시급하지 않지만 큰 영향을 미치는 일이기 때문에 미리미리 준비할 필요가 있어요. 그래서 어떻게 계획을 세우고 준비할지 공부해야 해요. 예를 들어 뭔가를 계획하거나 준비하는 일, 공부, 훈련 등은 모두 중요한 뭔가를 예방하거나 대비하는 일이에요.

③ 3등급: 급하지만 중요하지 않은 일. 예컨대 노는 것, 다른 사람의 일을 도와주는 것 등이 있어요. 이런 일은 꽤 시급하기 때문에 종종 우리의 소중한 시간을 많이 소비하게 만들어요. 하지만 주의해야 해요. 이런 일들에는 무척 중요하다고 착각하게 만드는 엄청난 속임수가 있거든요.

④ 4등급: 급하지 않고 중요하지 않은 일. 이런 일은 대부분 시간도 급하지 않고 별로 중요하지도 않은 사소한 잡일이에요. 이런 일은 우리의 시간을 낭비해요. 예컨대 인터넷 서핑하기, 수다 떨기, 돌아다니기 등이 있어요.

요컨대 우리는 공부할 때 1등급 일을 먼저 해결하고, 1등급과 3등급 일을 잘 구분해야 하며, 2등급 일에 주의하고, 4등급 일을 최대한 하지 말아야 해요.

제2장
대처 편

★ 나는 적극성을 유지할 거야

새 학기가 시작되었어요. 이번 학기엔 꼭 열심히 할 거예요!

생활하다 보면 적극성을 낮추는 문제가 더 많을 거예요. 우리 함께 다음 상황을 살펴봐요.

임원 선거에서 떨어졌어요

2학기 임원 선거에 참여했지만, 결국 떨어지고 말았어요. 너무 속상했어요. 오랫동안 선거 준비를 했는데 이런 결과가 나올 줄은 몰랐어요. 적극적이던 마음도 많이 사라졌어요. 휴, 친구들이 저를 뽑지 않은 건 아마 저를 인정하지 않기 때문이겠죠. 하지만 이 결과에 좋은 점도 있어요. 이런 사실을 일찍 알았으니까 말이에요. 이제부터 반에서 생기는 일은 저와 상관없어요. 반에 일어나는 모든 일에 대해 신경도 쓰지 않고 돕지도 않을 거예요. 이제 제 공부에만 제 시간과 힘을 쓸 거예요.

임원 선거에서 떨어졌을 때 생길 수 있는 마음 (mentality)

1. 실패한 느낌이 들고 너무 창피해. 이럴 줄 알았으면 선거에 나가지 않았을 텐데.

2. 내가 잘해 줘도 이렇게 날 무시하고 인정해 주지 않는데, 더 신경 써서 뭐 해?

3. 이제 반을 위해서 아무것도 하지 않을 거야. 앞으로 모든 선거에 참여하지 않을 거야.

심리분석 & 힌트

1. 선거에서 떨어진 것은 친구들의 마음을 확실하게 붙잡지 못해서일 거예요. 좀 더 노력해 봐요!

2. 다음번에는 꼭 임원이 되어 봐요. 파이팅! 파이팅!

3. 선거에서 떨어져도 괜찮아요. 우리는 언제든 반을 위해서 일할 수 있답니다.

연습 & 설명

1 자신과 대립하는 마음이 생기는 것을 피해요.

떨어지면 떨어지는 거지. 별거 아냐!

임원 선거에서 떨어지면 자신과 대립하는 마음이 생길 수도 있어요. 예컨대 '친구들은 나를 인정하지 않아' 혹은 '나만 들떴었구나'라는 생각이 드는 거죠. 자신과 대립하는 마음은 적극성을 낮추기 때문에 이런 마음이 생기지 않도록 더욱 너그러운 마음으로 상황을 바라봐야 해요. 그리고 '떨어져도 괜찮다'고 자신을 위로해 줘야 해요.

2 어떻게 자신을 위로하고 격려할까요?

아마 친구들이 나에 대해서 아직 잘 모르는 것 같아. 앞으로 더 잘 알게 해 줘야지.

선거에 떨어져서 실망하는 건 당연한 일이에요. 이때 자신을 위로하고 격려해 줄 필요가 있어요. 이렇게 생각해 보면 어떨까요?
'아마 친구들이 나에 대해서 아직 잘 모르는 것 같아. 앞으로 더 잘 알게 해 줘야지.'
'나는 정말 괜찮은 사람이야. 다만 친구들이 지금 나를 선택하지 않았을 뿐이야.'
이렇게 자신을 격려하면 실망감에서 빠르게 벗어날 수 있고 적극성을 회복할 수 있어요.

3 도전할 목표라고 생각하고 받아들여요.

계속 도전해서 다음번에는 꼭 뽑히고 말겠어!

여러분이 뽑히지 않은 것은 임원 선거가 쉽지 않은 일이라는 뜻이에요. 그러니 이 일을 다른 관점으로 생각해 보자고요. 선거를 도전할 목표라고 생각하고, 이번엔 선거에서 떨어졌지만 다음번엔 뽑힐 수 있도록 노력하는 거예요. 이 일을 도전할 목표로 받아들이면 적극성을 계속 유지할 수 있어요.

심리학 박사님과 이야기 나누기

이런 비슷한 일들이 생겼을 때, 머릿속으로 음식 그림을 그리는 게임을 해 볼 수 있어요. 그저 자책감이나 실망감, 우울감에 빠져 있기보다 '선거에서 떨어진 이유'를 음식으로 표현해 보면 자신의 문제를 더 또렷하게 나타낼 수 있고 이성적으로 분석할 수 있어요.

예를 들어 선거에서 떨어진 이유 중 하나는 경쟁에 서툴거나 표현력이 약했기 때문일 수 있어요. 또는 성적이 그렇게 좋지 못해서일 수 있고, 인간관계 능력이 아직 부족하기 때문일 수 있어요. 먼저 각각의 이유의 비율을 생각해 보고 자신에게 또 다른 이유는 없는지, 상대 후보가 너무 강해서 그런 것은 아닌지 생각해 봐야 해요.

그리고 이 '선거에서 떨어진 이유'를 나타내는 음식 그림을 더 깊게 연구해서 이 이유들이 금방 해결할 수 있는 것인지 아니면 절대 해결할 수 없는 것인지, 평범한 것인지 아니면 특별한 것인지, 각각의 비율이 구체적으로 얼만큼인지 알아야 해요.

이렇게 하면 이유가 한눈에 보이기 때문에 해결할 수 있는 것과 해결하기 힘든 것을 구분할 수 있어요. 이 방법을 알면 어떻게 자신을 발전시킬 것인지 알 수 있답니다.

 # 시험을 망쳤어요

오랫동안 온 힘을 다해 준비한 수학 경시 대회를 망쳤어요. 성적이 제 생각보다 너무 차이가 나서 사실 받아들이기가 좀 어려웠어요. 선생님은 제게 계속 노력하라고만 말씀하시고 저를 혼내진 않았어요. 하지만 저는 선생님이 실망하셨다는 것을 분명히 느꼈어요. 정말 너무 슬퍼요. 제 실력은 대회에 나갈 만한 수준이 아니었나 봐요. 앞으로 다시는 참가하지 않을래요.

그래요. 확실히 자신감을 조금 잃었어요. 다음번에 제게 또 이런 대회에 나가라고 한다면 저는 아마도 적극적으로 행동할 수 없을 것 같아요.

시험을 망쳤을 때 생길 수 있는 마음

mentality

성적이 너무 낮게 나왔어. 진짜 실망스럽고 충격적이야.

앞으로는 이런 대회에 절대 참가하지 않겠어!

다시 참가했다가 또 시험을 망치면 어쩌지?

좋은 성적이 나오지 않으니까 그 많은 시간과 노력을 낭비해 버린 느낌이야.

심리분석 & 힌트

1. 이번엔 시험을 잘 못 봤지만, 다음번에는 꼭 잘 볼 거예요!

2. 시험을 잘 못 본 데에는 분명 이유가 있어요. 그 이유를 찾아내서 이번 경험을 바탕으로 더 열심히 노력해요.

3. 어쩌면 노력이 부족했을 수도 있어요. 더 노력하면 시험을 잘 볼 수 있을 거예요.

4. 다음에도 시험을 못 볼 거라고 생각하지 마요. 더 노력하면 우리를 쓰러뜨릴 것은 아무것도 없어요.

연습 & 설명

1 열심히 해도 성공하지 못할 수 있어요.

당연하지. 그런데 열심히 하지 않으면 아무것도 얻을 수 없어!

"열심히 하면 반드시 얻는 것이 있다!"고 하죠. 이 말이 틀린 것은 아니에요. 하지만 뭔가를 얻는 것과 성공은 달라요. 우리가 열심히 해도 성공하지 못할 수 있다는 것을 이해하고 나면 적극성이 그렇게 낮아지진 않을 거예요. 그래도 우리는 노력해야 해요. 열심히 하지 않으면 아무것도 얻을 수 없기 때문이죠.

2 객관적인 평가: 왜 시험을 망쳤을까?

경험과 교훈을 바탕으로 다시 노력하면 다음 시험은 잘 볼 수 있지 않을까?

노력한 일에 예상했던 결과가 나오지 않으면 큰 상처를 받고 그 결과에만 집중하느라 왜 시험을 망쳤는지에 대해서는 이성적이고 객관적으로 생각하지 못하는 경우가 많아요. 학습 방향을 잘못 잡았다는 등 시험을 망친 이유를 분석할 수 있다면, 이런 경험을 바탕으로 다음에는 시험을 잘 볼 수 있지 않을까요? 이렇게 하면 자신감과 경험도 얻을 수 있답니다.

3 목표를 세워 봐요.

원래 시험이 이렇게 어려운 거였구나. 그럼 이번에는 경험했다고 생각하고, 작은 목표부터 세워 보자. 다음에는 우선 80점만 넘겨 보는 거야.

적극성이 낮아지는 이유는 노력할 목표를 잃어버렸기 때문일 수도 있어요. 시험을 망쳤다면 현실적인 목표를 다시 한 번 세워 보는 것이 좋아요. 예를 들어 '다음엔 80점만 넘기자'와 같은 목표를 세우는 것이죠. 이런 목표가 적극성을 유지해 줄 거예요.

공부 잘하는 학생들을 대상으로 한 조사에서, 그들 대부분이 시험 볼 때 심리 상태가 안 좋으면 얼마나 많이 공부했든 평소 실력이 잘 발휘되지 않는다고 말했어요. 그래서 시험을 망쳤을 때 첫 번째로 해야 할 것이 바로 심리 상태를 조절하는 거예요. 시험은 우리의 지식뿐만 아니라 정신력도 테스트하는 것이랍니다.

한편 공부를 할 때 어느 정도는 시간보다 방법이 중요해요. 노트를 하나 준비해서 잘 모르는 내용은 자세하게 기록하고 잘 알고 있는 내용은 별도로 간단하게 기록하고 잘 틀리는 내용은 따로 표시해 둬야 해요. 이렇게 하면 기억할 대상을 정할 수 있어요. 그리고 외울 때는 입과 손을 함께 움직여야 기억에 더 깊게 남아요. 사실 지식도 '쌓이는' 것이랍니다.

시험에서 테스트하려는 것은 벼락치기한 내용이 아니라 오랜 시간 쌓아오고 쉽게 드러나지 않는 지식들이에요. 또한 시험은 자신을 테스트하고 자신에 대해 알 수 있는 좋은 기회예요. 생활하는 것도 시험과 같아요. 각각의 시험은 생활 속에서 도전해야 하는 목표이기 때문에 정말 열심히 해야만 성공할 수 있어요. 각각의 시험을 겪으면서 자신을 훈련하고 완벽하게 만들고 발전시켜야 모든 일에서 성공할 힘을 얻을 수 있어요.

심리학 박사님과 이야기 나누기

 **학교에서 비웃음을 당했어요**

수업 중에 "우리도 집안일을 분담해야 해요"라고 발표하는데, 앞에 있던 친구가 비웃으며 말했어요.
"근데 너는 집에서 엄청 게으르다며."
그 말을 들은 친구들이 모두 웃었어요. 저는 순간 어떻게 해야 할지 잘 몰랐고 너무 속상했어요. 저는 눈을 질끈 감고 발표를 끝까지 마친 뒤 얼굴을 붉힌 채 자리로 돌아왔어요.
이 상황은 제가 처음 예상한 것과 조금 달랐어요. 이런 일이 생길 줄은 전혀 몰랐거든요. 그 친구에게 나쁜 의도가 있었든 없었든 그런 상황에서 이런 일을 겪으니 저는 꽤 큰 타격을 받았어요. 이 마음을 회복하려면 오랜 시간이 걸릴 거 같아요. 어쨌든 앞으로 다시는 친구들 앞에서 발표하지 않을래요.

mentality
학교에서 비웃음을 당했을 때 생길 수 있는 마음

심리분석 & 힌트

1. 그 친구는 그냥 농담한 거예요. 진심으로 받아들이지 말아요.

2. 이번에는 순간 어떻게 대처해야 할지 몰랐지만, 다음에 똑같은 상황이 생겼을 때를 대비해 봐요.

3. 이런 발표는 매우 의미 있는 활동이에요. 친구들 앞에서 발표하는 기회를 만들어서 자신을 표현해야 해요.

연습 & 설명

1 감정을 조절하는 법을 배워요.

내 발표가 친구들에게 어떤 영향이나 도움을 줄 수 있다면, 비웃음을 당하는 게 뭐가 문제겠어?

학교에서 비웃음을 당하면 분명 속상할 거예요. 하지만 타격을 받았을 때 가장 먼저 해야 하는 것은 즉시 감정을 조절하고 적극성을 유지하는 거예요. 발표는 당연히 의미 있는 활동이에요. 그러니 우리가 하는 말이 친구들에게 어떤 영향이나 도움을 줄 수 있다면 비웃음을 당하는 건 대수롭지 않게 넘기는 마음가짐을 가져 보아요.

2 대처하고 해소하는 법을 배워요.

하하, 네 말이 맞아. 집안일을 분담하는 것도 서로 감독할 필요가 있어.

갑작스러운 비웃음을 당했을 때는 감정을 조절하고 친구들의 관심을 다시 발표로 돌려야 해요. "근데 너는 집에서 엄청 게으르다며"라는 농담을 들었다면 친구들과 함께 웃어 버린 뒤에 이렇게 말하는 거예요. "하하, 네 말이 맞아. 집안일을 분담하는 것도 서로 감독할 필요가 있어."
이로써 분위기가 전환될 수 있어요.

3 갑작스러운 방해를 무시해요.

친구들을 웃기려는 농담일 뿐이에요. 친구들도 심각하게 생각하지 않을 거예요.

우리가 타격을 받고 적극성이 무너지는 이유는 '비웃음'을 너무 신경 쓰기 때문이에요. 사실 그 말은 단순히 친구들을 웃기려는 농담이었을 수도 있어요. 친구들도 심각하게 생각하지 않을 거예요. 그러니 이런 갑작스러운 방해는 무시해요.
"하하, 네 말이 맞아."
이처럼 자연스럽게 그 순간을 넘겨 보아요.

심리학 박사님과 이야기 나누기

'비웃음'이 나타나는 이유 중 하나는 배척심리이고, 또 하나는 군중심리예요. 끼리끼리 어울린다는 뜻의 '유유상종'처럼 어떤 사람들 속에 그들과 다른 사람이 나타나면 그 사람은 배척할 대상이 되고 비웃음을 당하게 돼요. 그리고 군중심리 때문에 처음에는 비웃지 않던 사람들도 자신 또한 무리에서 소외되지 않기 위해 비웃는 일에 동참하게 되죠.

사실 상대방이 우리를 비웃는 가장 중요한 목적은 우리를 화나고 난감하게 하기 위해서예요. 우리가 그런 반응을 보이면 상대방이 원하는 대로 해 주는 거예요. 이때 '끊임없이 향기로운 웃음'을 배워 두는 것이 좋아요. 100여 년 전에 과학자들은 진짜 웃음이든 가짜 웃음이든 모두 입꼬리 주변의 근육을 움직이게 할 수 있지만 진짜 웃음만이 눈꼬리 주위에 주름을 만들 수 있다는 것을 알아냈어요. 이렇게 진실하고 전염성 있고 마음속에서 우러나오는 웃음이 바로 진짜 향기로운 웃음이에요. 웃는 얼굴로 용감하게 수치스러운 상황에 맞서고 우리를 비웃는 사람들에게 웃어 보이는 것이 가장 좋은 반응이랍니다.

우리가 이를 해내지 못한다면 두 번째 방법을 선택할 수 있어요. 다른 사람이 우리를 비웃을 때 충동적으로 행동하지 말아야 해요. 잠시 그 자리를 떠나서 물을 한 잔 마시거나 화장실에 가서 마음을 가라앉혀서 비이성적이고 직접적인 충돌을 피하는 거예요. 어떨 때는 우리도 교묘하게 반격해 볼 수 있어요. 계속 피하기만 하면 우리를 비웃는 사람들이 더 심하게 공격할 수도 있기 때문이에요. 적절하게 어느 정도 반격해서 그들도 비웃음을 당하는 감정을 느껴 보게 하는 것도 잘못된 방법은 아니에요. 다만 이 방법을 사용하려면 말하는 기술을 터득하고 어떻게 교묘한 말로 대처할지 알아야 해요.

 # 친구관계가 깨졌어요

어떤 일 때문에 친한 친구와의 관계가 깨졌어요. 이후 다시는 서로에게 말을 걸지 않았고 만나도 서로 모르는 척했어요. 저는 너무 속상했어요. 예전에는 관계가 아주 좋아서 좋은 물건이 있으면 함께 나누고 모든 일을 공유했거든요. 저는 지금 아쉽기도 하고 두렵기도 해요. 친구를 사귀는 것이 무섭고 나중에 또 이번처럼 말 한마디로 관계가 깨질까 봐 두려워요. 당장에는 이 관계에서 벗어날 방법이 떠오르지 않아요. 적극적으로 새로운 친구를 사귀고 싶지도 않고요.

친구관계에서 실패했을 때 생길 수 있는 마음

친구를 사귀고 싶지 않아. 또 상처받을지도 몰라.

친구 사이에는 마찰이나 충돌이 자주 일어나. 계속 친구로 남지 못할 바에는 차라리 처음부터 친구를 사귀지 않는 게 나아.

한 번 친구관계가 깨지고 나니 친구를 사귀는 게 무서워졌어.

▼ ▼ ▼

심리분석 & 힌트

1. 친구관계가 깨지는 것은 일반적인 일이에요. 아쉬운 일이긴 하지만 별거 아니에요.

2. 끝까지 좋은 관계를 유지하는 친구도 있어요.

3. 친구를 많이 사귀어야 해요.

4. 앞으로 계속 좋은 친구를 사귈 수 있길 바라요.

연습 & 설명

1 잘못된 생각: 끝까지 좋은 관계를 유지할 수 있는 친구란 없어!

앞으로는 친구를 사귀지 않을래. 어차피 관계는 깨지는 거니까.

적극성이 낮아지는 이유는 우리의 생각이 너무 극단적이기 때문일 수도 있어요. 예를 들어 친한 친구와의 관계가 깨지면 우리는 이렇게 생각할 수 있어요.
'끝까지 좋은 관계를 유지할 수 있는 친구는 없어.'
'앞으로는 친구를 사귀지 않을래. 어차피 관계는 깨지는 거니까.'
이런 극단적인 마음이 들 때는 빨리 그 감정에서 벗어나야 해요.

2 친구관계를 정확하게 바라봐야 해요.

친구를 사귈 때는 열정적인 평정심을 유지해야 해!

계속 적극적으로 친구를 사귀려면 친구관계를 정확하게 바라봐야 해요. 먼저 우리는 친한 친구와 멀어질 수도 있고, 친한 친구와 쭉 친하게 지낼 수도 있다는 것을 알아야 해요. 친구관계에 대해 기대하는 것은 당연히 좋은 일이지만 우정의 힘을 지나치게 높게 평가하거나 절대적이라고 생각해선 안 돼요. 친구를 사귈 때는 열정적인 평정심을 유지해야 해요.

3 친구관계를 여는 문을 계속 열어 둬요.

아직 많은 사람이 나와 친해지려고 기다리고 있어!

친구관계에 실패한 경험 때문에 적극적으로 새로운 친구를 사귀려는 마음이 잘 생기지 않는 것은 이해할 수 있는 부분이에요. 하지만 이때부터 친구를 사귀지 않겠다고 다짐한다면 그건 너무 극단적인 생각이에요. 우리는 '아직 재미난 사람들이 우리와 친해지고자 기다리고 있으며, 그들은 우리와 좋은 친구가 될 수 있고 우리를 즐겁게 해 주며 도와줄 것'이라는 사실을 알아야 해요.

친구는 우리의 가장 좋은 심리적 지지대예요. 어떤 친구와 관계가 깨졌다면 두 가지에 대해 반성해야 해요. 첫 번째는 우리의 성격 중 없애거나 바꿔야 하는 것은 없는지 돌아봐요. 우리가 너무 친구를 몰아붙여서 친구의 마음을 상하게 한 건 아닌지 생각해 보는 것이죠. 두 번째, 오해가 있는 것은 아닌지 생각해 봐요. 사실 모든 사람에게는 감정이 있기 때문에 진심을 나눴던 친구와 다시 관계가 좋아질 가능성은 분명 있어요. 다만 우리가 모두 체면을 중요하게 여기고 있을 뿐이에요. 친한 친구와 절교했다면 아마 마음속에 어떤 풀리지 않는 마음이 있어서일 거예요. 사람이 화가 나면 분명 상대방과 화해할 수 있는 수만 개의 방법이 떠올라도 그 한 발짝을 내딛기가 무척 힘들어요. 이런 감정은 아마 친한 친구와 절교해 본 사람이라면 잘 알 거예요. 이 우정을 되돌리고 싶은 마음이 있다면, 먼저 한 발짝 나아가 잘못을 인정하는 것은 어떨까요. 이는 적어도 우리가 이 친구관계에 대해 노력했다는 증거이기 때문에 훗날 후회하지 않을 수 있어요.

마지막으로 가장 중요한 것은 인간관계에 대한 기초 상식을 많이 이해하고 쌓아 나아가는 거예요. 당장은 써먹지 못하더라도 주변 친구들과 많이 만나고 교류해야 해요.

심리학 박사님과 이야기 나누기

 운동하다가 다쳤어요

제가 운동을 잘 하지 않는 편이라 부모님은 제게 항상 운동 신경이 부족하다고 말해요. 하지만 학교에서 체육 수업을 많이 하는걸요. 제가 운동을 잘하는 사람이라는 것을 증명하기 위해 어젯밤 아빠와 밖에 나가 달리기를 했어요. 하지만 준비 운동을 제대로 하지 않아서 그랬는지 달리기를 하다가 발을 접질리고 말았어요. 휴, 아빠 앞에서 모처럼 운동하는 모습을 보여 드리려 했는데 다치기나 하고! 어쩌면 저는 정말 태어날 때부터 운동 신경이 없었나 봐요. 이 일 때문에 앞으로 운동하다가 또 다칠까 봐 무서워졌어요. 원래 운동에 별로 적극적이지 않았지만, 지금은 더 말할 것도 없어요.

운동하다가 다쳤을 때 생길 수 있는 마음 (mentality)

- 원래부터 운동하고 싶지 않았는데 이참에 잘됐어. 아예 달리기하러 가지 않는 건데.
- 부모님이 말씀하신 것처럼 나는 운동 신경이 없나 봐. 운동을 많이 하지 말아야지.
- 또 다칠까 봐 무서워. 웬만하면 운동하지 말아야지.

심리분석 & 힌트

1. 운동할 때마다 항상 다치는 것은 아니에요. 생각해 봐요. 체육 시간에는 다치지 않았어요.

2. 다치는 건 사고예요. 준비 운동을 제대로 하지 않아서 그래요. 이 일을 교훈 삼아야 해요.

3. 운동은 사람을 즐겁게 해 줘요. 적극적으로 운동하는 사람이 되어야 해요!

4. 운동하다가 다치는 것은 일반적인 일이지 않나요? 별거 아니에요.

연습 & 설명

1 다치는 것과 운동이 반드시 관련 있는 것은 아니에요.

발을 접질린 건 내가 조심하지 않아서야. 앞으로 주의하면 돼.

조금만 이성적으로 생각해 보면 알 수 있어요. 다치는 것과 운동이 반드시 관련 있지는 않다는 것을요. 발을 접질린 건 조심하지 않았기 때문이에요. 앞으로 주의하면 돼요. 이를 알고 나면 운동할 때 생기는 두려운 마음을 극복할 수 있고, 우리의 적극성을 떨어뜨리지 않을 수 있어요.

2 자신의 운동 롤모델을 찾아요.

적극적으로 운동하기 위해 참고할 대상과 학습 목표를 찾아야야겠어!

자신만의 운동 롤모델이 있다면 운동에 대한 적극성을 더 쉽게 끌어올릴 수 있어요. 그 롤모델을 학습 목표로 삼을 수 있기 때문이죠. 많은 운동선수가 시합 때뿐만 아니라 평소 훈련을 하면서도 부상을 당해요. 하지만 그들은 부상이 무서워서 운동을 그만두지는 않아요. 그러니 이제부터 자신이 좋아할 만한 운동 롤모델을 찾아봐요.

3 또 다치지 않도록 보호하는 데에 주의를 기울여요.

조심성 없이 운동하다가 또 다치는 일은 없어야 해.

계속 적극적으로 운동하라는 것은 계속 조심성 없이 운동하라는 뜻이 아니에요. 다쳤던 경험이 있다면 이를 교훈 삼아 다시 다치지 않도록 하는 것이 가장 적극적인 방법이에요. 또 조심성 없이 운동하다가 다친다면 적극적으로 운동하려는 마음이 더 많이 줄어들 거예요.

심리학 박사님과 이야기 나누기

우리의 생활은 어떤 측면에서 보면 매일 이기기도 하고 지기도 하는 경기 같아요. 여기서 중요한 것은 '이기거나 졌을 때 우리가 어떤 태도를 보이는가?'예요. 이 역시 우리의 심리적 자본을 모으는 과정이죠.
심리적 자본이란 사람이 성장하고 발전하는 과정에서 나타나는 어떤 긍정적인 심리 상태를 말해요. 이 심리적 자본은 우리를 성장시키고 능력을 향상시키죠. 심리적 자본은 '나는 누구인가?'와 '나는 무엇이 되고 싶은가?'에 대해 깊이 고민하게 하고, 다음과 같은 몇 가지 내용을 포함해요.
① 희망: 희망이 없고 발전하고 싶은 마음이 없는 사람은 자신의 가치를 만들어 낼 수 없어요.
② 낙관: 낙관적인 사람은 나쁜 일은 잠깐의 어려움이라고 생각하고, 좋은 일은 뭔가를 오래 지속할 수 있는 계기로 만들어요. 예컨대 개인의 능력이 있어요.
③ 회복력: 역경, 충돌, 실패, 압박에서 빠르게 회복하는 심리적 능력이에요.
어떤가요. 사실 이런 심리적 자본은 우리 가까이에 있어요. 옛날에 어떤 사람이 "이기고 지는 것은 전쟁에서 흔한 일"이라는 말을 했어요. 운동 경기는 우리의 몸을 단련시킬 뿐만 아니라 우리 의지를 단련시키고 역경을 이겨 내는 힘을 키워 우리의 심리적 자본이 늘어나게 해 줘요.

 ## 선생님께 혼났어요

선생님은 제가 수업 시간에 집중하지 않는다고 말씀하셨어요. 사실 그건 오해였지만 선생님이 반 친구들 앞에서 저를 혼내시는 바람에 창피해서 얼른 해명하기가 어려웠어요. 엄밀히 말해서 제가 선생님께 혼나는 것은 이번이 처음이었어요. 마치 하늘이 무너져 내리는 것 같았고, 한결같았던 좋은 학생의 이미지가 그때부터는 저와 어울리지 않는 게 되어 버렸어요. 제일 중요한 것은 그날 이후 선생님을 만날 때마다 너무 창피한 느낌이 든다는 거예요. 저는 이걸 어떻게 극복해야 할지 모르겠어요. 앞으로 선생님과 이야기하거나 교류하지 않을 거예요.

mentality
선생님께 혼났을 때 생길 수 있는 마음

좋은 학생은 이미 나랑 상관없는 이야기야. 이제 나는 선생님께 꾸중을 듣는 나쁜 학생이야.

친구들과 선생님 앞에서 창피를 당하다니, 자신감이 다 사라진 느낌이야.

앞으로 선생님을 만나면 창피하고 무서울 것 같아. 피할 수 있으면 피해야겠어.

내가 진짜 딴생각을 한 것도 아닌데 선생님은 날 너무 무섭게 혼내셨어. 선생님과 이야기하고 싶지 않아.

심리분석 & 힌트

1. 선생님이 오해하셨군요. 기회를 봐서 설명하면 돼요.

2. 혼났다고 해서 꼭 나쁜 학생은 아니에요.

3. 처음 혼났다면 분명 크게 상처받을 거예요. 그건 당연해요. 그래도 적극적으로 선생님과 계속 소통해야 해요.

연습 & 설명

1 잘못된 생각: 선생님은 분명 날 싫어할 거야.

칭찬하는 건 선생님이 나를 좋아해서 그런 거고, 혼내는 건 선생님이 날 싫어해서 그런 거야.

선생님께 혼나고 나면 '선생님은 분명 날 싫어할 거야'라는 마음이 생기기 쉬워요. 그렇게 생각하면 앞으로 선생님 앞에서 용기가 없어지고 선생님과 교류할 때도 적극성이 떨어져요. 심지어 선생님을 피하게 될 수도 있어요. 사실 이건 우리의 지나친 생각이에요. 선생님이 우리를 혼내는 것과 좋아하거나 싫어하는 것은 아무런 상관이 없답니다.

2 혼나는 것을 침착하게 받아들여요.

선생님이 우리를 혼내는 것은 우리가 더 잘 성장하길 바라기 때문이야.

선생님께 혼났을 때 하늘이 무너져 내리는 느낌이 든다면 그것은 우리가 혼나는 것보다 칭찬받는 데 익숙해져 있기 때문이에요. 혼나는 것을 침착하게 받아들이라는 말은 그것을 아무 일도 아닌 것처럼 생각하라는 뜻이 아니에요. 다만 잘못하거나 오해받는 일이 생길 수 있고, 이것 때문에 혼나는 것은 매우 자연스러운 일이라는 거예요. 선생님이 우리를 혼내는 것은 우리에게 관심이 있고 우리가 더 잘 성장하길 바라기 때문이에요.

3 오해를 없애고 적극성을 높여요.

선생님, 앞으로는 더 열심히 수업을 들을게요!

두 사람 사이에 오해가 생겼다면 기회를 봐서 오해를 없애면 돼요. 이는 우리의 적극성을 높이고 선생님과 문제없이 계속 교류하는 데에 더욱 도움 돼요. 다만 오해를 풀 때는 선생님 자신이 잘못했다는 느낌을 받을 정도로 너무 정색할 필요는 없어요. 오해를 풀 때 사실대로 이야기하는 것 외에 다른 방법을 사용할 수도 있어요. 예컨대 사실은 어떻게 된 것인지 설명하는 것이 아니라 "앞으로는 더 열심히 수업을 들을게요!"와 같은 말을 해서 선생님이 우리를 받아들이게 하는 거예요.

심리학 박사님과 이야기 나누기

'사람 치고 잘못 없는 사람 없다'는 말처럼 모든 사람은 어려서부터 커서까지 분명 아주 많이 혼나 봤을 거예요. 어떤 사람은 모든 꾸지람에는 성공할 요소가 숨겨져 있다고 말했어요. 하지만 아쉽게도 우리 중에는 혼내거나 가르치지 않아 심리적 유연성이 부족한 전형적인 '도자기 인형(부정적인 의미로 이야기하는 경우, 도자기의 깨지기 쉬운 특성을 들어 어떤 어려움도 혼자 감당할 수 없는, 보호가 필요한, 유약한 사람)'이 많아요.

가장 처음으로 '심리적 유연성'이라는 개념의 힌트를 얻은 곳은 물리학의 탄성역학이었어요. 이는 회복할 수 있는 변형을 말해요. 심리적 유연성은 미국 심리학자 안토니가 1970년대에 처음 언급했고, 50여 년의 발전을 거듭해 지금은 이미 국제 심리학계가 연구하는 관심 주제가 되었어요. 교육학, 심리학, 임상의학, 간호학 등 각 학과에서 갈수록 많은 관심을 받고 있죠.

우리는 '혼나는 것'을 통해 심리적 유연성을 기를 수 있어요. 이렇게 생각하면 혼나는 것이 완전히 나쁜 일만은 아니에요. 그렇지요? 혼나는 것에 대해 우리는 긍정적으로 해석할 수 있어요. 이는 성장 과정 중에 얻는 보물이고 우리의 일생과 함께할 것이라고 말이에요.

 ## 열심히 공부했는데도 성적이 오르지 않아요

제 성적이 별로 좋지 않다는 것을 알고 이번 학기에는 더 많은 시간과 노력을 쏟았어요. 노력해서 성적을 올리고 싶었지만, 이번 학기의 반이 거의 다 지나갔는데 성적은 별로 오른 것 같지 않아요. 앞으로 어떻게 해야 할지 모르겠어요. 포기하고 싶다가도 또 그러고 싶지는 않아요. 계속 노력하자니 그래도 성적을 올리지 못할까 봐 겁이 나요. 예전에는 제 노력이 부족했기 때문에 나쁜 성적을 받아들일 수 있었는데 지금은 더 열심히 공부하는데도 성적에 변화가 없으니 받아들이기가 조금 힘들어요. 어렵게 생긴 공부에 대한 열정도 다 사라질 것 같아요.

mentality
열심히 공부했는데 성적이 오르지 않을 때 생길 수 있는 마음

이미 많이 노력했는데 성적이 오르지 않으니 적극적으로 공부하고 싶지 않아!	앞으로 계속 노력해야 할까? 고민돼.	노력했는데도 성적이 안 오르다니, 내 머리가 너무 나쁜가 봐.	내 노력이 다 헛수고가 됐어. 앞으로는 아무렇게나 해야지. 어차피 성적도 안 오르는데, 뭘.

심리분석 & 힌트

1. 노력해도 성적이 오르지 않을 수 있지만, 노력하지 않으면 성적은 절대 오르지 않아요.

2. 노력에도 방법이 필요해요. 어쩌면 공부 방법이 잘못되었을 수도 있어요. 당황하지 말고 어떻게 고쳐야 할지 살펴봐요.

3. 공부에 대한 적극성을 유지해야 해요. 정확한 방법을 사용하면 성적은 자연스럽게 오를 거예요.

연습 & 설명

1 자신에게 자신감을 가져요.

나는 머리가 나쁘지 않아!

노력했는데 기대한 결과가 나오지 않으면 자기 자신을 의심하게 돼요. 예를 들어 자기 머리가 나쁜 것은 아닌지 의심하는 것이죠. 이는 특수한 성장기에 당연히 느낄 수 있는 감정이에요. 이때는 자신에 대한 의심을 없애고 적극성을 되찾아야 해요. 가장 중요한 것은 자신에게 자신감을 주는 일이에요. 어떤 일이 있어도 자신은 머리가 나쁘지 않다고 굳게 믿어야 해요.

2 정확한 공부 방법을 찾아요.

적극성을 유지하기 위해서는
정확한 공부 방법을 찾아야 해!

노력했는데도 성적이 오르지 않았다면 제일 먼저 방법에 문제가 있는 것은 아닌지 돌아봐야 해요. 정확한 공부 방법을 사용해야 확실한 효과를 볼 수 있고, 만족감을 느낄 수 있으며, 간접적으로 공부에 대한 적극성도 높일 수 있어요. 적극성을 유지하기 위해서 가장 먼저 해야 할 것은 바로 정확한 공부 방법을 찾는 거예요.

3 다른 사람에게 격려와 조언을 얻어요.

다른 사람의 도움을 받아 공부하는 힘과 즐거움, 성취감을 찾아야지.

어쩌면 혼자서는 성적이 오르지 않는 이유와 정확한 공부 방법을 찾을 수 없을지도 몰라요. 그렇다면 우리의 상황을 다른 사람에게 알리고 도움을 요청할 수 있어요. 예를 들어 선생님, 부모님 혹은 성적이 좋은 친구들에게 격려와 조언을 구하는 거죠. 공부하는 힘과 즐거움, 성취감을 찾는 데 다른 사람의 도움을 받는 거예요.

심리학 박사님과 이야기 나누기

우리는 많이 노력했기 때문에 성적이 반드시 오를 거라고 생각해요. 하지만 여기서 주의할 점이 있어요. 우리는 노력했다고 생각하지만 과연 어떻게 하는 것이 정말 노력하는 것일까요? 노력은 어떻게 정의할 수 있을까요?

매일 아침 6시에 일어나 밤 12시에 자는 것이 노력하는 것일까요? 매일 단어를 20개씩 외우는 것이 노력하는 것일까요? 어쩌면 우리는 노력을 너무 간단하게 정의하고 있는지도 몰라요. 매일 시간을 들여 공부하고 긴장을 놓지 않는 것이 노력이라고 말이죠. 사실 노력은 쉬지도 놀지도 않고 긴장을 유지하는 것이 아니에요. 노력에도 방법이 필요하고 방향이 중요하답니다.

'노력'은 효과적인 방법으로 해야 해요. 생각해 봐요. 고등학교까지만 다녀도 공부를 10년 넘게 하는 셈인데, 정상적으로라면 이미 공부 박사가 되어 있어야 하지 않겠어요? 어째서 우리의 성적은 계속 그렇게 안 좋을까요? 이것은 남쪽으로 가려는 사람이 북쪽으로 수레를 끄는 것과 같아요. 잘못된 방향으로 노력하는 것은 자신을 지식의 바닷속으로 가라앉히는 것과 다르지 않아요. 공부 방법은 매우 다양해요. 열심히 하는 것은 기본적인 필수 조건이고, 올바른 방향이 진짜 핵심이라는 사실을 절대 잊지 마요.

자기가 생각하는 '노력'에 빠져 있지 말고 다음의 방법들을 시도해 봐요.

① 가짜 노력과 이별해요. 자신이 매우 노력하고 있다고 느낄 때가 어쩌면 긴장을 풀고 싶고 일하고 싶지 않은 때일 수도 있어요.
② 매일 자신에게 10분의 시간을 줘요. 그리고 그 시간 동안 책상을 치우고 물건을 정리하고 머릿속 잡생각을 없애요.
③ 무작정 남의 방법을 따라 하지 말고 자신에게 맞는 공부 방법을 만들어요.
④ 공부의 즐거움을 찾아요. 공부는 노력해야 하는 일이기도 하지만 원래는 즐거운 일이랍니다.

실수할까 봐 늘 두려워요

몇 번 실패를 경험하고 부모님께도 여러 차례 혼나고 나니 이제 저는 어떤 일을 하든 가장 먼저 '실수하지 말아야지', '조심히 해도 괜찮아' 하는 생각을 해요. 하지만 부모님은 제게 또 지나치게 조심한다며 무슨 일을 하든 적극적이지 못하다고 하세요. 부모님 말씀이 맞아요. 저는 확실히 예전과 달라졌어요. 지금은 수업 시간에 먼저 손을 들고 질문에 대답하지도 않고, 집에서도 스스로 집안일을 분담하지 않아요. 항상 뭔가를 많이 하는 것보다는 적게 하는 것이 낫다고 생각해요. 제가 잘못 생각하는 걸까요?

실수할까 봐 두려울 때 생기는 마음
mentality

어쩔 수 없어. 실수할까 봐 두려워서 무슨 일을 하든 소심해져.

대부분의 일은 안 할 수 있으면 안 하려고 해. 그러면 실수할 일도 없으니까.

내 능력이 부족한 것 같아. 자신감도 없어졌어. 어떤 것도 적극적으로 하고 싶지 않아.

심리분석 & 힌트

1. 실수하지 않는 사람은 없어요. 조심할 필요는 있지만 두려워할 필요는 없어요.

2. 실수하는 것도 성장하는 거예요. '실수'가 있어야 '제대로 하는' 것도 있어요.

3. 익숙해지면 요령이 생기고, 부지런하게 부족한 재능을 보완할 수 있어요. 어떤 일들은 몇 번 더 배우면 할 수 있을 거예요.

4. 우리가 적극적으로 한다면 실수할 확률도 더욱 낮아져요. 하지만 적극적으로 하지 않는다면 실수할 확률도 더 높아질 수 있어요.

연습 & 설명

1 '실수를 두려워하는' 심리적 오류에서 벗어나 적극성을 높여요.

실수를 가장 먼저 생각하거나 너무 크게 받아들여서 자신을 겁주지 말아야 해.

'실수를 두려워하면' 적극성이 좌절되기 때문에 스스로 어떤 일을 할 수 없고, 뭔가를 많이 하는 것보다는 적게 하는 것이 낫다는 심리가 생겨요. 그래서 우리는 '실수를 두려워하는' 심리적 오류에서 벗어나야 해요. 실수를 미리 예상하고 주의할 수는 있어요. 하지만 실수를 너무 크게 받아들여서 자신을 겁줘서는 안 돼요.

2 많이 공부하고 생각해야 실수하지 않을 수 있어요.

능력도 있고 자신감도 있으니 적극성도 높아질 거야.

과학적인 방법이 있다면 실수할 확률이 크게 떨어질 거예요. 그렇다면 어떻게 해야 과학적인 방법을 터득할 수 있을까요? 당연히 많이 공부하고 생각해야 가능해요. 과학적인 방법을 터득하면 어떤 일을 할 때 능력과 자신감이 높아지고, 이에 따라 적극성도 높아질 거예요.

3 자신이 잘하는 일을 많이 해요.

좋아! 내가 잘하는 일을 많이 해서 만족감과 성취감을 얻는 거야.

늘 실수를 두려워하고 선뜻 행동하지 않는 것은, 어쩌면 자신감이 부족하고 어떤 일에 대해서 확신이 없기 때문일 수 있어요. 이를 극복하기 위해 자신이 잘하는 일을 더 많이 해요. 그러면 만족감과 성취감을 얻고 적극성을 높일 수 있어요. 확신이 없던 일도 관찰하고 공부하면 잘하는 일이 된답니다.

'완전무결'이라는 게임이 있어요. 하지만 이 게임은 완전히 잘못된 게임이에요. 실수는 우리의 '적'이 아니라 '보물'이니까요.

사실 우리를 방해하는 것은 실수가 아니라 우리의 부정적인 믿음이에요. 우리는 실수를 나쁜 것이라고만 생각하고, 한두 번 실패를 경험하고 나면 어떤 일이든 무조건 실패할 것이라고 생각해요. 사람들은 일반적으로 실패하고 나면 다시 노력하지 않아요. 할 용기도 없고 실패를 두려워하는 것이죠.

이를 극복하기 위해 먼저 자기 능력 범위 안에 있는 일을 많이 하고, 실패를 방지하기 위해 너무 높은 목표를 세우지 않아야 해요. 다음으로는 자신보다 못한 것과 많이 비교해서 위안을 얻고 자신감을 되찾아야 해요. 이외에도 어떤 일을 만나면 피하지 말고 용감하게 맞서면 좋아요. 자신이 해야 하는 일에 대해 충분히 준비하고 한 단계씩 해나가면 서서히 임무를 완성했다는 성취감이 생길 거예요. 성취감이 많이 쌓인 뒤엔 더 어려운 일을 시도하고 도전하려는 마음이 생길 거예요.

심리학 박사님과 이야기 나누기

완전무결 게임

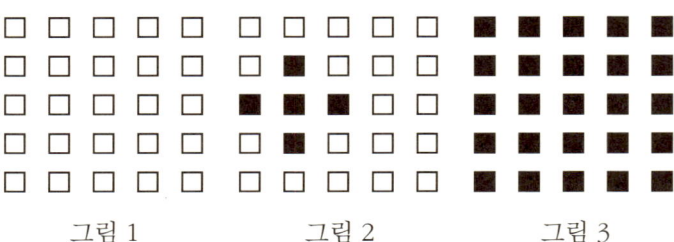

그림 1 그림 2 그림 3

그림 1과 같은 25개의 흰색 판을 그림 3과 같이 검정색 판으로 모두 바꾸어 봐요. 임의의 판을 누르면 그 판과 그 판의 상하좌우의 판 색깔을 반대로 바꿀 수 있습니다. 흰색은 검정색으로, 검정색은 흰색으로 바뀌죠.

예) 그림 1에서 셋째 줄 두 번째 칸을 눌렀을 때, 그림 2와 같이 변합니다.

가장 판을 적게 눌러 모든 판을 검정색으로 바꾼 사람이 승리합니다.

 ## 친구들과 함께 이야기할 주제가 없어요

저는 인간관계를 맺는 데 서툴러요. 어떨 때는 친구를 사귀고 싶지만, 친구에게 무슨 말을 해야 할지 모르겠고 함께 이야기할 주제가 없다는 생각이 들어요. 그런 생각이 들면 제가 먼저 포기하게 돼요. 그래서 친구를 사귀는 일에 항상 적극적이지 못해요. 사실 마음속으로는 친구가 많은 아이들을 부러워하고 있지만요. 그 아이들은 늘 시끌벅적하게 함께 놀지만 저는 어떻게 해야 할지 모르겠어요.

친구들과 함께 이야기할 주제가 없을 때 생길 수 있는 마음 (mentality)

무슨 주제로 이야기해야 할지 모르겠어. 괜히 말실수할까 봐 두려워. 그럼 더 최악일 거야.

함께 이야기할 주제가 별로 없으니 최대한 말을 하지 않는 게 좋겠어.

어차피 만나도 무슨 이야기를 해야 할지 모르니까, 친구를 적게 사귀어야겠어.

심리분석 & 힌트

1. 이야기할 주제가 없으면 스스로 찾아야 해요! 친구를 사귀려면 먼저 나설 필요가 있어요.

2. 친구들을 많이 이해하고, 알려고 노력해 봐요. 그럼 함께 이야기할 주제가 많아질 거예요.

3. 항상 혼자서 놀 수는 없어요. 그럼 너무 심심할 거예요. 하지만 친구들과 함께 놀면 정말 즐거워요. 그러니 친구들과 공통된 취미를 찾아봐요.

연습 & 설명

1 인간관계 능력을 키워요.

어쩔 수 없어.
반드시 인간관계 능력을 키워야 해!

친구들과 함께 이야기할 주제가 없다고 느끼는 이유는 우리가 친구를 사귈 때 먼저 나서지 않고 적극적이지 않기 때문이에요. 왜 이런 문제가 발생할까요? 대부분은 인간관계 능력이 부족하기 때문이에요. 그러니 의식적으로 인간관계 능력을 키워야 해요.

2 적극성을 키우고, 먼저 이해하려는 마음을 길러요.

먼저 이해하려고 노력해야 해. 이해하지 않으면 함께 이야기할 주제도 없을 테니까.

함께 이야기할 주제가 없는 이유는 친구에 대한 이해가 부족하기 때문이에요. 친구를 사귈 때 친구에 대해 이해하지 않으면 적극성이 생기지 않아요. 친구와 관계를 맺을 때 친구에 대해 먼저 이해하려는 마음을 기르는 것이 매우 중요해요. 친구와 어떤 활동에 참여하거나 함께 공부하면서 서로에 대한 이해를 높일 수 있어요.

3 단체 활동의 즐거움을 느껴요.

늘 단체 활동에 참여하지 않으니까 당연히 친구가 없지!

친구들과 마음이 맞지 않는다는 생각에 자꾸 단체 활동에 참여하지 않다 보면 인간관계에 대한 적극성은 갈수록 줄어들 거예요. 이런 나쁜 상황을 피하기 위해서는 단체 활동에 많이 참여하고 단체 활동의 즐거움을 느껴야 해요.

4 공통된 취미에서 시작해요.

먼저 같은 취미가 있는 친구들과 친해져야지. 이것도 아주 괜찮은 방법이야!

새로운 친구와 서로 이해하지 못하고 함께 이야기할 주제가 없는 것은 당연한 거예요. 이런 점 때문에 친구를 사귀는 기회를 놓쳐서는 안 돼요. 수많은 우정은 같은 취미에서 시작돼요. 우선 같은 취미가 있는 친구들과 친해지도록 해 보아요.

심리학 박사님과 이야기 나누기

누구나 다른 사람에게 인정받고 싶고, 이를 통해 심리적인 즐거움을 느끼는 사교성을 가지고 있어요. 다만 친구는 너무 많을 필요는 없고, 진심이 통하는 친구 몇 명만 있으면 돼요. 많은 시간을 들여 사람들의 인정을 받는 것은 불필요한 일이에요.

이 말을 기억해 줬으면 좋겠어요.

큰 스트레스를 받았을 때, 먼저 냉정함을 유지하고, 재밌는 영화를 보거나 차를 한 잔 마시거나 산책하면서 이를 해소해요. 꼭 친구들에게 공감을 얻으려고 하지 마요. 친구들에게 필요한 사람은 원망을 늘어놓는 사람이 아니에요. 지금부터 스스로 해소하고 스스로 감당하는 법을 배워요. 우리의 것을 대신 감당하기 위해 태어난 사람은 없어요. 우리는 조용히 스스로 훌륭하고 강한 사람이 되어야 해요.

주변에 우리의 마음을 안정시켜 주고, 모든 것을 털어놓고 싶게 하고, 함께 있을 때 서로 아무 말도 하지 않아도 어색하지 않은 친구가 있다면 그를 꼭 소중히 여겨요. 아직 속마음을 털어놓을 수 있는 친구를 만나지 못했다면 서두르지 말고 천천히 찾아봐요. 그런 친구가 어딘가에서 우리를 기다리고 있을 테니까요.

13 아는 것도, 할 줄 아는 것도 없는 거 같아요

여름방학에 부모님이 저를 시골로 보내셨어요. 시골 생활을 체험해 보는 거라고 하셨지만, 사실 그냥 고생 한번 해 보라는 것이었어요. 시골에서는 거의 모든 일을 스스로 해야 했어요. 하지만 지금까지 무슨 일이든 다른 사람이 대신 전부 처리해 주고 준비해 주었는걸요. 저는 공부만 열심히 하면 되는 상황에 익숙해져 있다가 갑자기 환경이 변하고 나니 제가 아는 것도, 할 줄 아는 것도 없다는 것을 알게 되었어요. 부모님께 전화를 걸어 힘들다고 말했지만, 부모님은 많이 배우라고만 하셨어요. 저는 배울 수도 없었고 배우고 싶지도 않았어요. 그리고 시골에는 친척들이 많아서 갖가지 규칙을 지키고 예의를 차려야 했어요. 매일 너무 힘들어서 시간이 빨리 흘러 집으로 돌아갔으면 좋겠다는 간절한 바람뿐이었어요.

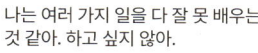

아는 것도, 할 줄 아는 것도 없는 것 같을 때 생길 수 있는 마음

아는 것도, 할 줄 아는 것도 없어. 난 정말 바보 같아.

나는 여러 가지 일을 다 잘 못 배우는 것 같아. 하고 싶지 않아.

나는 뭐든 안된다고 생각하기 때문에 많은 기회가 있지만, 그것을 잡을 생각을 하지 않아.

심리분석 & 힌트

1. 모르면 질문하면 되고, 못 하면 배우면 돼요.

2. 무슨 일이든 먼저 결론을 내면 안 돼요. 자신이 너무 형편없다고 생각하지 말고 일단 나서서 시도해야 해요.

3. 뭔가를 모르고, 못한다는 것은 우리에게는 공부할 또 다른 기회예요.

연습 & 설명

1 '열등감'을 행동하는 힘으로 바꿔요.

나는 이해할 거야! 나는 배워서 해낼 거야!

자신이 아는 것도, 할 줄 아는 것도 없다고 느낄 때 우리에겐 보통 두 가지 심리가 생겨요. 하나는 "나는 이해할 거야!", "나는 배워서 해낼 거야!"와 같은 뭔가를 알고 싶은 마음이고, 또 하나는 자포자기하는 마음과 열등감이에요. 물론 우리는 망설임 없이 첫 번째 마음을 선택해야 하고, '열등감'을 행동하는 힘으로 바꿔야 해요.

2 친구들과 함께 배워요.

모든 것을 혼자 배우려고 하면 더 어려워.

뭔가를 배울 때 모든 것을 혼자 배우려고 하면 더 어렵고 적극성도 그렇게 높아지지 않아요. 그래서 친구들과 함께 배워야 해요. 그래야 어떤 일에 가장 빠르게 익숙해지고 그 일을 금방 익힐 수 있어요.

3 스스로 많이 배워요.

스스로 배우려는 자세를 가지고 있다면, 이미 반은 성공한 거야!

자신의 단점을 발견했다면, 자신이 아는 것도, 할 줄 아는 것도 없음을 알았다면, 스스로 배우려는 자세를 가져야 하고, 무엇이든 정확하게 인식할 줄도 알아야 해요. 스스로 많이 배우려는 자세를 가지고 있다면 이미 반은 성공한 거예요.

4 순서대로 차근차근 배워야 해요.

한 번에 전부 다 알고, 다 할 줄 알게 되면 좋겠지만, 그건 불가능해.

뭔가를 배울 때 우리는 쉽게 조급해지고 인내심이 부족해져요. 잘 모르고, 못 하는 일에 대해 늘 단번에 이해하고, 할 줄 알게 되길 바라죠. 이때 단번에 되지 않으면 자신감과 적극성을 잃기도 하고요. 하지만 무슨 일이든 순서대로 차근차근 배워야 해요. 우리는 이 이치를 잘 알아야 한답니다.

심리학 박사님과 이야기 나누기

어떤 부분에 대해서 모르는 것은 나쁜 일이 아니에요. 사실 때로 우리에게는 '빈 잔 심리 상태'가 필요해요. '빈 잔 심리 상태'란 물이 가득 찬 잔으로는 더 이상 새로운 것을 받아들일 수 없기 때문에 뭔가를 배워서 성장하려면 반드시 마음속의 잔을 비워야 한다는 거예요. '빈 잔 심리 상태'는 심리학에서 나온 개념으로, 어떤 일을 할 때 가장 먼저 필요한 전제 조건이 좋은 심리 상태라는 뜻이에요.

한 사람이 덕망 높은 노스님의 소식을 듣고 어느 절을 방문했어요. 노스님은 매우 정중하게 그를 맞이하고, 차를 대접했어요. 그런데 분명 잔이 이미 가득 차 있는데도 노스님은 계속 차를 따랐어요. 그가 물었어요.

"스님, 왜 잔이 가득 찼는데 계속 차를 따르시나요?"

그러자 스님이 말했어요.

"그러게요. 이미 가득 찼는데 왜 더 넣으려고 하십니까?"

이것이 바로 '빈 잔 심리 상태'의 이치예요.

사람들은 각자 서로 다른 장점이 있어요. 생활 속에서 우리는 자신을 다른 사람과 비교하는 오류에 빠지곤 해요. 자신의 단점과 다른 사람의 장점을 비교해서 스스로를 근심에 빠뜨리죠. 사실 친구가 어떤 것에 대해서는 많이 알지만, 우리의 취미나 다른 부분에 대해서는 우리만큼 잘 모를 수도 있어요. 단지 우리의 재능이 아직 드러나지 않았을 뿐이에요.

제3장
실천 편

★ **힘든 일이 생겨도 위축되면 안 돼요.**

비록 경기는 동점으로 끝났지만, 우리는 이긴 느낌이었어요.

생활하다 보면 더 힘든 일을 많이 만나게 될 거예요. 그때마다 어떻게 적극성을 발휘해야 할까요? 우리 함께 다음 상황을 살펴봐요.

14 낯선 분야를 접했을 때

Q. 엄마가 피아노 학원을 등록해 주셨어요. 피아노는 제가 아예 모르는 분야라서 큰 도전이라는 생각이 들었고, 제대로 배우려면 많은 시간과 노력이 필요할 것 같았어요. 하지만 제가 잘 못하는 분야라서 피아노를 배우는 데에 그렇게 큰 흥미가 생기지 않았어요. 그래서 수업에도 그다지 적극적으로 임하지 않았어요. 엄마가 등록해 주셨으니 어쩔 수 없이 다닐 뿐이었죠. 저는 포기하고 싶었지만, 엄마가 반대하실까 봐 두려웠어요. 이런 낯선 학원에서 어떻게 해야 제가 적극적으로 행동할 수 있을까요?

A. 잘 못하는 것에 대해 적극적이지 않은 것은 충분히 이해해요. 낯선 분야를 접했다면 그 속에서 즐거움을 찾아야 해요. 또한 지금 어떤 도전을 하는 중이라고 생각해 볼 수도 있어요.

mentality
낯선 분야를 접했을 때 생길 수 있는 마음

심리분석 & 힌트

1. 시도해 보지 않고 배울 수 있을지 없을지 어떻게 알겠어요.

2. 열심히 배우지 않으면 당연히 잘할 수 없어요. 한번 잘 배워 봐요. 어쩌면 잘하게 될지도 몰라요.

3. 피아노 치는 것은 아주 재미있어요. 그러니 한번 배워 봐요.

4. 어떤 일은 분명 어려운 일이에요. 하지만 어쩌면 생각만큼 어렵지 않을 수도 있어요.

연습 & 설명

1 시도하는 법을 배워요.

적극적인 마음이 생기지 않는 이유는 처음부터 완전히 부정하고 시도조차 해 보지 않기 때문일 수 있어요. 그러면 거절하고 싶고 귀찮게 느껴지는 마음이 더 커져요. 낯선 분야들에 대해 우리는 시도해 보려는 마음을 가져야 해요. 정말 별로면 그때 다시 생각하면 돼요.

2 즐거움을 찾아요.

즐겁지 않은 일을 하면 당연히 적극성을 높이기가 힘들어요. 적극성을 가장 크게 높일 수 있는 동기가 바로 즐거움이기 때문에 피아노를 배우는 즐거움을 찾아봐야 해요. 피아노 선생님이나 함께 피아노를 배우는 친구에게서 즐거움을 찾을 수도 있고, 이 악기에 대해 깊이 이해한 뒤 그 속에서 즐거움을 찾을 수도 있어요.

3 도전이라고 생각해도 좋아요.

나는 피아노를 배울 거야. 난 꼭 해낼 거야.

자신이 잘 못하는 일을 하나의 도전이라고 생각해도 좋아요. 피아노 배우는 것도 마찬가지예요. 먼저 '좋아하는지 싫어하는지' 혹은 '재밌는지 안 재밌는지'에 대해 고민하지 말고, 그것을 꼭 배워야겠다고 다짐하는 거예요.

심리학 박사님과 이야기 나누기

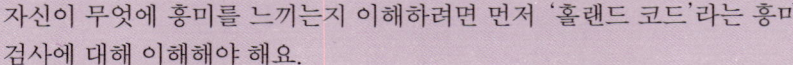

자신이 무엇에 흥미를 느끼는지 이해하려면 먼저 '홀랜드 코드'라는 흥미 검사에 대해 이해해야 해요.
우리가 어떤 파티에 참석해야 하는데 그 파티에 오는 사람 중에 아는 사람이 한 명도 없고, 그 파티 참가자들이 아래 몇 가지 유형에 속한다는 것만 알 수 있다고 가정해 볼게요.
① 실제형(R): 자연을 사랑하고, 체육 활동을 좋아하고, 도구나 기계를 사용하는 것을 좋아함.
② 탐구형(I): 호기심이 충만하고, 사물을 연구하고 분석하는 것을 좋아함.
③ 예술형(A): 상상력과 창조 정신이 풍부함.
④ 사회형(S): 다른 사람들을 돕고, 그들을 위해 봉사하는 것을 좋아함.
⑤ 기업형(E): 창의적인 일을 좋아하고, 쉽게 다른 사람들에게 영향을 주거나 그들을 설득함.
⑥ 관습형(C): 어떤 일을 순서에 맞춰 정해진 대로 완성하는 것을 좋아함.
이제 파티에 참여하는 여섯 부류에 대해 어느 정도 이해했을 거예요. 이 중에 가장 이야기를 나누고 싶은 부류를 순서대로 세 가지 선택한 뒤 그들을 나타내는 알파벳을 기록해요. '홀랜드 코드'는 바로 세 유형의 사람들의 알파벳 조합이에요. '홀랜드 코드'는 심리학자 존 홀랜드 박사의 이름을 딴 것으로, 그는 모든 사람에게는 위 여섯 부류 중 더 선호하는 세 가지 유형이 있다고 말했어요. 우리가 파티에서 어떤 사람들과 함께 있고 싶은지 선택해 보면 우리가 무엇에 흥미를 느끼는지 비교적 명확하게 알 수 있어요.

어떤 과목만 편애할 때

Q. 저는 국어 성적이 매우 좋지만, 수학 성적은 형편없어요. 매번 시험을 볼 때마다 국어는 상위권이지만, 수학은 항상 커트라인을 넘기지 못해요. 선생님은 제가 어떤 과목만 유독 편애한다고 하시고, 부모님도 제게 몇 번이나 수학 공부에 시간과 노력을 더 많이 들여서 수학 성적을 올려야 한다고 말씀하셨어요. 저도 수학을 잘하고 싶지만 그게 쉽지 않아요. 매번 수학을 공부하려고 하면 좀처럼 흥미가 생기지 않아요. 어떻게 해야 이런 상황을 해결할 수 있을까요?

A. 어떤 과목만 편애하는 것은 많은 친구가 겪을 수 있는 문제예요. 성적이 오르는 과목이 더 좋아지고, 성적이 떨어지는 과목이 더 싫어지는 것은 매우 당연해요. 어떤 과목을 편애하는 문제를 해결하려면 싫어하는 과목에서 만족감을 찾아야 해요.

mentality
어떤 과목만 편애할 때 생길 수 있는 마음

수학엔 흥미가 없어!

수학은 너무 어려워. 나는 수학을 배울 능력이 없어.

수학을 공부하다 보면 자꾸만 뭔가에 막히는 느낌이야. 조금도 흥미를 느낄 수 없어.

국어를 더 열심히 공부해서 국어 성적으로 메꾸는 방법밖에 없겠어.

심리분석 & 힌트

1. 국어를 잘할 수 있다면 수학도 잘할 수 있어요. 믿음을 가져요.

2. 알맞는 방법만 찾는다면 수학이 그렇게 어렵지 않을 거예요.

3. 수학을 자신이 좋아하고 잘하는 과목으로 바꿔 봐요.

연습 & 설명

1 어떤 과목만 편애하는 마음을 의식적으로 바꿔야 해요.

잘하는 과목을 아무리 더 열심히 공부해도 싫어하는 과목에서 깎인 점수를 메꿀 수 없어.

주의하지 않으면 뒤처진 과목은 갈수록 더 뒤처지고, 성적이 좋은 과목은 갈수록 더 좋아지기 쉬워요. 이런 문제를 해결하기 위해서는 생각을 바꿔야 해요. 어떤 과목만 편애하는 문제는 싫어하는 과목의 성적을 올리는 방식으로만 해결할 수 있어요. 잘하는 과목을 아무리 더 열심히 공부해도 싫어하는 과목에서 깎인 점수를 메꿀 수 없어요.

2 어떤 과목만 편애했던 친구의 경험을 참고해요.

친구에게 조언을 구해야겠어! 친구가 사용한 방법이 어쩌면 내게 통할지도 몰라.

우리는 어떤 과목만 편애했다가 이후 편애하지 않게 된 친구의 경험을 참고할 수 있고, 친구가 사용한 방법을 사용해 볼 수 있어요. 친구가 사용한 정확한 공부 방법으로 싫어하는 과목에 대한 적극성을 끌어올릴 수도 있어요. 친구의 방법이 어쩌면 통할지도 몰라요.

3 과목 편애 문제를 해결하려면 싫어하는 과목에서 만족감을 찾아야 해요.

수학은 정말 중요해.
수학이 없으면 우주 비행사들이
우주에 갈 수 없고, 로봇도
일할 수 없어.

수학을 싫어하고 자신이 수학을 잘 못 배울 것 같다고 생각하는 이유는 수학에서 만족감을 찾을 수 없기 때문인 경우가 많아요. 만족감이 없으면 행동할 힘이 생기기 힘들어요. 그래서 수학에서 만족감을 찾으려고 노력해야 해요. 예를 들어 이렇게 생각해 볼 수 있어요.
'수학이 없으면, 우주 비행사들이 우주에 갈 수 없고, 로봇도 일할 수 없어. 우리가 많은 일을 이해하려면 반드시 수학을 배워야 해.'

심리학 박사님과 이야기 나누기

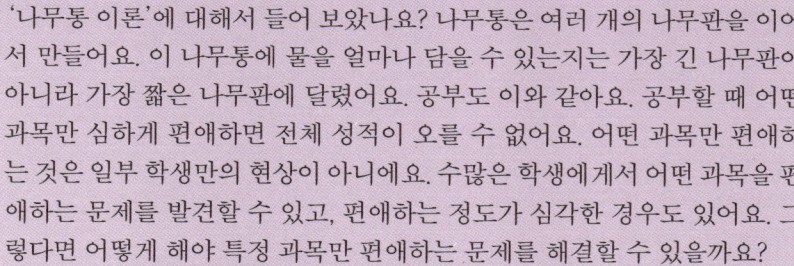

'나무통 이론'에 대해서 들어 보았나요? 나무통은 여러 개의 나무판을 이어서 만들어요. 이 나무통에 물을 얼마나 담을 수 있는지는 가장 긴 나무판이 아니라 가장 짧은 나무판에 달렸어요. 공부도 이와 같아요. 공부할 때 어떤 과목만 심하게 편애하면 전체 성적이 오를 수 없어요. 어떤 과목만 편애하는 것은 일부 학생만의 현상이 아니에요. 수많은 학생에게서 어떤 과목을 편애하는 문제를 발견할 수 있고, 편애하는 정도가 심각한 경우도 있어요. 그렇다면 어떻게 해야 특정 과목만 편애하는 문제를 해결할 수 있을까요?
① 간접적인 흥미를 직접적인 흥미로 바꿔야 해요. 직접적인 흥미가 생겨야 공부할 힘이 강해지고 오랫동안 공부할 수 있어요. 이렇게 바뀌는 과정에서 성취감을 얻는 것이 매우 중요해요. 성과가 있어야 공부에 대한 직접적인 흥미를 불러일으킬 수 있고, 스스로 배울 수 있어요.
② 마음이 잘 맞는 친구를 사귀는 것도 매우 중요해요. 친구의 어떤 행동들은 우리에게 큰 영향을 줄 수 있어요. 함께한 시간이 길면 친구의 흥미가 곧 우리의 흥미가 돼요. 공부와 관련된 장점이 있는 친구를 많이 사귀면 우리는 서서히 자기도 모르는 사이에 물들 수 있을 거예요.
③ 다른 사람도 도울 수 있고 자신도 발전시킬 수 있는 일석이조의 좋은 방법이 또 있어요. 바로 후배에게 자신이 가장 잘 못하는 과목을 가르치는 거예요. 이 방법은 우리가 이미 배운 것을 복습하면서 새로운 것을 알 수 있게 해 주고 공부할 힘이 생기게 해 줘요. 가르치는 것이 가장 좋은 공부 방법이기 때문이에요!

16 어려운 일이 생겼을 때

Q. 다음에 참가할 축구 경기에서, 추첨으로 뽑은 경기 상대가 하필 지난번 우승 팀이었어요. 친구들은 모두 이번 경기에 희망이 없고 분명 질 거라고 생각했어요. 반장인 저 역시 이길 자신은 없었어요. 훈련할 때 보니 친구들 모두 적극성이 없는 것 같더라고요. 저는 기권을 해야 하나 생각했어요. 이렇게 시합에 나갔다가는 분명 크게 질 테니까요.

A. 강한 상대를 만났을 때 자신이 없는 것은 당연한 거예요. 하지만 포기하는 것은 가장 최악의 선택이에요. 한 무리의 리더라면 먼저 기운을 내고 적극적으로 임해야 해요. 어려운 일이 생겼을 때 절대 도망쳐서는 안 돼요.

mentality
어려운 일이 생겼을 때 생길 수 있는 마음

어차피 질 텐데 경기를 해서 뭐 해. 힘 낭비야.

아무리 열심히 연습해도 저 팀을 이길 수 없을 거야. 별로 연습하고 싶지 않아.

빨리 시합을 포기하자! 그렇지 않으면 나중에 창피를 당할 거야.

나중에 6:0 이상으로 질 생각을 하니 참가하고 싶지 않아.

심리분석 & 힌트

1. 상대가 너무 강하면 목표를 낮게 잡아요. 한 골이라도 덜 뺏기면 성공하는 거로요. 파이팅!

2. 축구 경기는 참 신기해요. 경기를 해 보기 전까지는 무조건 진다고 말할 수 없답니다! 예상 밖의 결과가 나올 수 있도록 마음을 굳게 먹고 준비해요.

3. 경기에 지더라도 이것을 배우고 훈련하는 기회라고 생각해요.

4. 지는 것은 창피한 것이 아니에요. 포기하는 게 가장 창피한 것이랍니다.

연습 & 설명

1 문제를 다른 측면에서 생각하면 어려움은 사라져요.

학교에서 가장 강한 팀이랑 경기할 기회는 그렇게 쉽게 오는 게 아니야.

어려운 일이 생겼을 때 어떻게 해야 적극성이 떨어지지 않을 수 있을까요? 가장 직접적이고 효과적인 방법은 바로 문제를 다른 측면에서 바라보는 것이에요. 축구 경기에서 가장 강한 상대를 만나면 팀원들은 모두 걱정할 거예요. 상대방을 이길 수 없을 것이고 경기해 봐야 소용없을 거라 생각하기 때문이에요. 하지만 이 경기를 뭔가를 배울 아주 좋은 기회라고 생각하고 승패에 상관없이 경험을 쌓는 것에 집중하면 의미 있을 거예요.

2 '도망'에서 '방법을 찾아 해결하기'로.

어려운 일이 생기면 '도망'을 선택하기 쉬워요. 하지만 도망갈수록 적극성도 점점 멀어지죠. 이런 생각을 바꿔야 해요. 어려운 일이 생기면 방법을 찾아 극복하는 것을 선택하는 거예요. 강한 상대를 만났을 때는 어떻게 해야 할까요? 방법을 찾아 맞서야죠. 전술이나 마음가짐을 바꿔 볼 수 있어요. 점수를 덜 내주고 예상 밖의 결과가 나오도록 노력하는 거예요.

3 어려움이 클수록 이기고 극복할 생각을 해야 해요.

어려운 문제를 해결하면 더 큰 성취감을 얻을 수 있어.

어려운 일이 생겼을 때 이를 극복하면 성취감을 얻을 수 있답니다. 어려움이 클수록 더 큰 성취감을 얻을 수 있어요. 이렇게 생각한다면 매우 어려운 일이 생겼을 때 더욱 이를 이겨 내려는 결심과 용기가 생길 거예요. 다시 말해 어려움이 클수록 적극성이 커지는 것이죠.

심리학 박사님과 이야기 나누기

모든 사람에게는 '3Q'가 있어요. 지능지수(IQ), 감성지수(EQ), 역경지수(AQ)예요. 이 중에서 AQ라고 불리는 역경지수 개념은 미국의 유명한 학자 폴 스톨츠가 처음 이야기했어요. 이것은 역경을 이겨 내는 능력이자 역경을 극복하는 과정에서 뛰어난 잠재력을 발휘해 성공을 얻어 내는 가능성을 말해요.

생활에서 AQ가 있는 것은 매우 중요해요. 우리는 모두 좌절이나 뜻하지 않은 일을 경험해요. 그러니 AQ를 높여야 해요. 같은 역경에 처해도 AQ가 다르면 그 결과도 달라져요. 발자크가 "고난이 천재에게는 디딤돌이고, 강한 자에게는 재산이지만, 약한 자에게는 천 길 낭떠러지이다"라고 말한 것처럼 3단계의 결과가 생기는 거예요. 앞으로 나아가는 과정의 디딤돌, 인생의 큰 재산, 천 길 낭떠러지 말이에요.

강하고 굳건한 의지, 아름다운 소망, 삶에 대한 더할 나위 없는 사랑은 많은 학교가 가장 중요시하는 '소프트 파워'예요. 이런 능력은 개인의 IQ, 학교 성적 등과 같은 '하드 파워'와 똑같이 중요해요. 심지어 수많은 미국의 대학교는 회복력, 스트레스 저항 능력, 강하고 굳건한 성격을 성공의 기초라고 생각하고 있어요.

 ## 공부에 싫증을 느낄 때

Q. 매주 주말이나 방학이 되면 저는 정말 기뻐요. 학교에 가지 않아도 되니까요. 하지만 방학이 끝나고 학교에 갈 생각을 하면 너무 속상해요. 학교에 있을 때면 늘 빨리 학교가 끝났으면, 빨리 방학을 했으면 하는 생각이 들어요. 어쨌든 학교 가는 데에 갈수록 적극성이 없어져요. 이게 공부에 싫증이 나서 그런 걸까요? 저는 어떻게 해야 할까요?

A. 학교 수업이 빨리 끝났으면, 얼른 방학했으면 좋겠다는 심리는 많은 친구에게 나타나요. 이런 현상 때문에 공부에 싫증이 난 게 아닌가 걱정할 필요는 없어요. 하지만 이 감정을 처리하지 못한 채 계속 시간이 흐르면 정말 공부에 싫증이 나버릴 수도 있어요. 공부에 싫증이 났다는 말은 우리가 학교에 가는 것에 대한 적극성이 가장 낮은 수준까지 떨어졌다는 뜻이에요. 그렇다면 어떻게 해야 이런 감정에서 벗어날 수 있을까요? 가장 중요한 것은 바로 공부를 싫어하는 이유를 찾는 거예요.

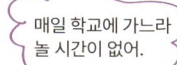
공부에 싫증이 났을 때 생길 수 있는 마음

 성적도 안 좋고 공부 스트레스도 너무 커. 학교 가기 싫어.

 매일 학교에 가느라 놀 시간이 없어.

 나는 수학 선생님이 싫어. 그 선생님 수업을 듣고 싶지 않아.

 친구들이 나는 착한 사람이 아니라고 했어. 그 친구들을 보고 싶지 않아.

심리분석 & 힌트

1. 온종일 놀 생각만 해서는 안 돼요. 학교에 가는 시간 말고도 놀 수 있는 시간은 많아요.

2. 부모님이 출근하셔야 하는 것처럼 학교에 가는 것은 지금 나이에 당연히 해야 하는 일이에요.

3. 자신이 공부를 잘 못한다는 것을 알았다면 더 열심히 수업을 들어야 해요.

4. 왜 학교에 가길 싫어하는지 생각해 보고, 그 문제를 해결해요.

연습 & 설명

1 무엇이 올바른 일일까요?

장난치고 노는 것에 비해 학교에 가는 것이 더 힘들지만 그게 올바른 일이야.

사실 학교에 가기 싫어하는 친구들은 적지 않아요. 그렇다면 우리는 왜 싫어하는 일을 해야 하는 걸까요? 이 문제에 대해 잘 알기 위해서는 무엇이 올바른 일인지를 알아야 해요. 올바른 일은 반드시 해야 하는 일이에요. 모든 사람은 각자 해야 하는 올바른 일이 있어요. 예를 들면 부모님은 출근하시고 우리는 학교에 가는 일이에요.

2 공부에 싫증을 느끼는 것은 공부 스트레스가 너무 크고 성적이 안 좋아서예요.

나 자신을 믿고 어려운 일을 해결하자!

공부에 싫증을 느끼는 이유는 어쩌면 힘든 일이 생기는 것을 두려워하기 때문일 수도 있어요. 예를 들어 공부 스트레스가 너무 크다거나 성적이 안 좋기 때문이죠. 그래서 도망치는 쪽을 선택하는 거예요. 올바른 일에서 도망칠 방법은 없어요. 그보단 자기 자신을 믿고 힘든 일을 해결하는 쪽을 선택하는 것이 나아요.

3 공부에 싫증을 느끼는 것은 친구들과 사이가 안 좋기 때문이에요.

공부에 싫증을 느끼는 것이 어쩌면 친구들과 사이가 안 좋기 때문일 수도 있어요. 그것이 우리가 학교 가는 데에 영향을 끼쳤다면 해결 방법을 찾아 관계를 회복해야 해요. 꼭 필요할 때, 예를 들면 친구에게 괴롭힘을 당했을 때는 부모님이나 선생님께 알리고 도움을 받아야 해요.

4 공부에 싫증을 느끼는 것은 어떤 선생님을 싫어하기 때문이에요.

어떤 친구들이 공부에 싫증을 느끼는 이유는 매우 독특해요. 어떤 선생님을 싫어하기 때문이에요. 그 선생님이 편애한다거나 너무 엄하다고 생각하기 때문이죠. 이런 상황에서는 부모님께 어떻게 해야 하는지 물어 보도록 해요. 어쩌면 자기 자신의 문제일지도 몰라요.

심리학 박사님과 이야기 나누기

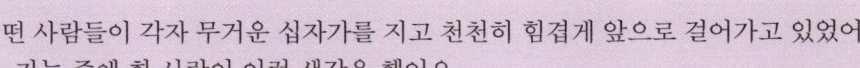

어떤 사람들이 각자 무거운 십자가를 지고 천천히 힘겹게 앞으로 걸어가고 있었어요. 가는 중에 한 사람이 이런 생각을 했어요.
'하나님, 이 십자가가 너무 무거워요. 십자가 한쪽을 잘라 버릴래요.'
그는 정말 십자가 한쪽을 잘라 버렸어요. 그러자 십자가는 훨씬 가벼워졌고 그의 발걸음은 저절로 빨라졌어요. 그렇게 가다가 그는 어깨 위 십자가가 여전히 너무 무겁다는 생각이 들었어요. 그래서 다른 한쪽을 또 잘라 버렸어요. 그래서 큰 힘을 들이지 않고 무리의 제일 앞까지 나아갈 수 있었어요. 그런데 앞쪽에 생각지도 못한 깊고 넓은 계곡이 나타났어요. 사람들은 십자가를 계곡에 걸쳐 다리로 삼아 침착하게 계곡을 건넜어요. 하지만 안타깝게도 그의 십자가는 이미 왕창 잘려 나간 뒤라 어떻게 해도 다리로 만들 수 없었어요. 그래서 다른 사람들이 목표를 향해 계속 앞으로 나아갈 때 그는 그저 그 자리에 멈춰 서서 의기소침할 수밖에 없었어요. 후회해도 이미 늦었죠.
생활 속에서 우리 모두는 각자 다양한 '십자가'를 지고 있어요. 예를 들어 우리에게는 해야 할 공부가 있어요. 계곡이 나타났을 때, 우리는 공부한 지식으로 계곡을 뛰어넘어 앞으로 나아갈 수 있어요. 그러니 공부할 것이 많고 어렵다고 원망하지 말아요. 공부하면서 생긴 문제를 도망치는 방법으로 해결하려 해서는 안 돼요.

18 부모님이 모임에 우리를 데리고 가요

Q. 저는 부모님의 친구를 만나는 게 제일 싫어요. 매번 그분들을 만날 때마다 저는 말을 잘 듣는 착한 아이인 척해야 해서 마치 로봇이 된 것 같아요. 그리고 신경 쓸 것도 아주 많아요. 예를 들면 예의 있게 행동해야 하고, 많은 것을 주의해야 하죠. 그래서 매번 부모님이 저를 데리고 누군가를 만나러 갈 거라고 하시면 저는 너무너무 싫어요. 이게 정상일까요? 제가 어떻게 해야 이런 적극적이지 않은 마음을 해결할 수 있을까요?

A. 이건 당연한 거예요. 부모님 모임에 함께 나가는 것에 대해 많은 친구가 거부감을 느껴요. 사실 조금만 준비하고 의식적으로 훈련하면 아주 쉽게 해결할 수 있는 작은 문제일 뿐이에요.

부모님이 모임에 우리를 데리고 갈 때 생길 수 있는 마음 (mentality)

| 그분들과 할 말도 없고, 쑥스럽고 부끄러워. | 그분들은 늘 내게 이것저것 물어보셔. 하지만 어떤 것들은 나도 어떻게 대답해야 할지 모르겠어. | 매번 만날 때마다 그분들의 화제와 관심이 모두 나에게 쏠려서 정말 피곤해! | 그분들은 부모님의 친구지 내 친구가 아니야. 내가 뭔가 잘못해서 그분들이 부모님께 날 안 좋게 말하면 정말 큰일 나는 거야. |

심리분석 & 힌트

1. 부모님의 친구는 우리의 인생 선배이기도 해요. 예의 바르고 공손하게 대해야 해요.

2. 부모님이 모임에 우릴 데려가시고, 우리가 귀찮게 하는 것을 참아 주시는 건 정말 좋은 일이에요. 그리고 여기서 많은 삼촌, 이모를 만날 수 있어요.

3. 삼촌, 이모 들이 질문하면 사실대로 대답하면 돼요. 어쩌면 그분들이 어떤 경험에 관해 이야기해 주거나 조언을 해 줄지도 몰라요.

연습 & 설명

1 올바른 인간관계 예절을 배워요.

꼭 필요한 인간관계 예절을 배우는 건 당연한 거야. 인사하고 안부를 묻는 일은 귀찮은 일이 아니야.

부모님의 친구를 만나는 것을 싫어하는 이유는 아마도 우리가 꼭 필요한 인간관계 예절을 배우는 것을 당연한 것으로 생각하지 않기 때문일 수도 있어요. 예의를 지키고 인사하는 것을 귀찮다고 생각하는 것이죠. 올바른 인간관계 예절을 배우고 이를 생활의 일부라고 생각하면 거부감도 약해질 거예요.

2 대등하게 대해 주지 않는다고 생각하지 말아요.

평정심! 그분들은 그저 부모님의 친구일 뿐이야.

매번 삼촌, 이모 들과 만날 때 마음속에 어색함과 싫은 마음이 생기는 이유는 대부분 그분들이 우리를 대등하게 대해 주지 않는다고 생각하기 때문이에요. '그분들은 그저 날 웃음거리로 생각해', '그분들은 늘 시비를 걸어'라고 생각하는 것이죠. 이렇게 생각할수록 거부감은 강해져요. 평정심을 가져 봐요.

3 가르침이나 도움이 필요한 문제를 가지고 가요.

매번 삼촌, 이모 들과 유익한 교류를 할 준비를 해.

적극성을 높이기 위해서는 가르침이나 도움이 필요한 문제를 준비해서 삼촌, 이모 들을 만나러 가면 좋아요. 그렇게 하면 그분들은 우리를 무슨 일이든 스스로 하는 아이라고 생각할 거예요. 또한 할 이야기가 준비되어 있어서 좋고, 다른 한편으로는 삼촌, 이모 들과 함께 문제를 해결할 수 있어서 좋아요. 준비된 유익한 교류를 통해 서로의 감정도 깊어질 수 있어요.

심리학 박사님과 이야기 나누기

다른 사람과 즐겁게 이야기를 나누려면 몇 가지 기억해야 할 것이 있어요.
① 사귄 지 얼마 안 되는 사람에게 깊은 이야기를 하지는 마요. 적절한 소통의 전제 조건은 서로의 관계와 신분을 명확히 아는 거예요. 친한 사람인지 아닌지, 가까운 사람인지 아닌지 구별하고 상대방이 가족인지 친구인지, 아니면 선배인지를 확실히 알면 어느 정도까지 말을 해야 할지 알 수 있어요.
② 지나치게 많은 것을 털어놓지 마요. 많은 이야기를 털어놓을 때, 특히 자신을 불쾌하게 한 일에 대해 말할 때는 상대방의 의사를 생각해야 해요. 마음속에 불쾌한 일이 생겼을 때 이를 바로 모두 쏟아 내는 것은 상대방을 존중하지 않는 행동이에요. 그러면 상대방도 기분이 나쁠 수 있어요.
③ 사람들의 말을 경청하고, 말하는 중간에 끼어들지 마요. 다른 사람과 의견을 교환할 때, 급하게 끼어들거나 반박하지 않아야 해요. 경청은 예의일 뿐만 아니라 하나의 대화 기술이기도 해요. 경청하면 상대방의 심리를 파악할 수 있고 조리 있게 대처할 수 있어요.
④ 입장 바꿔 생각할 줄 알아야 해요. 상대방이 자신과 가까운 사람일지라도 존중하고 예의를 지켜야 해요. 관계가 가까우면 아무렇게나 해도 된다고 생각하면 안 돼요. 다른 사람을 존중하는 것이 자신을 존중하는 거예요.
⑤ 언행은 바르게 하고, 하기 싫은 일은 남에게 억지로 강요하지 말아요. 우리가 다른 사람에게 부탁을 할 때, 상대방이 "한번 생각해 볼게", "다음에", "상황 보고 결정할게"라고 한다면 이는 부드럽게 거절한 거예요. 이때 남에게 하기 싫은 일을 강요해선 안 돼요.
⑥ 다른 사람의 사생활에 대해 함부로 물어봐선 안 돼요. 비교적 민감하고 친하지 않은 사람에게 언급하는 것을 불편해하는 주제에 관해 이야기하지 마요. 예를 들면 용돈, 건강, 감정, 성적 등이 있어요.

집안일은 분담해야 해요

Q. 저도 가족의 일원이지만 평소에 집안일을 하는 경우가 별로 없어요. 부모님이 거의 모든 일을 해 줘요. 부모님은 제게 열심히 공부만 하면 되고 다른 일에는 신경 쓸 필요가 없다고 하셨어요. 하지만 부모님이 요즘 일이 바쁘셔서 갖가지 집안일을 할 시간이 없어요. 그럼 제가 분담해야 하는 것 아닐까요?

A. 바쁜 부모님을 보고 먼저 나서서 도울 생각을 하다니 정말 훌륭해요. 사실 집안일은 분담해야 해요. 우리는 적극성을 발휘해서 행동으로 옮겨야 해요. 부모님을 도와 할 수 있는 일을 하는 거예요.

집안일이 있을 때 생길 수 있는 마음 (mentality)

- 부모님이 집안일에 신경 쓰지 말라고 하셨으니까 신경 쓰지 말아야지.
- 집안일을 별로 해 본 적이 없어서 잘 못해. 오히려 더 엉망으로 만들까 봐 두려워.
- 집이 지저분해도 괜찮아. 신경 쓰지 않아도 돼. 부모님이 바쁜 일이 끝나면 집안일을 하실 거야.

심리분석 & 힌트

1. 부모님은 일이 너무 바빠서 힘들어요. 집에 돌아오면 푹 쉬셔야 해요. 집안일은 우리가 하면 돼요!

2. 먼저 나서서 집안일을 도우면 부모님도 기뻐할 거예요.

3. 괜찮아요. 집안일은 배우면서 하는 거예요. 나중에는 더욱 익숙해질 거예요.

4. 여러분도 가족의 한 사람이에요. 당연히 그에 맞는 책임을 져야 해요.

연습 & 설명

1 부모님을 놀라게 해 드려요.

먼저 나서서 집안일을 분담하면 부모님도 매우 기뻐하실 거야.

부모님이 신경 쓰지 말라고 한 이유는 우리가 힘이 부족하고 공부에 영향을 끼친다고 생각하기 때문이에요. 우리가 먼저 나서서 집안일을 분담하면 부모님도 매우 기뻐할 거예요. '부모님을 놀라게 해 드려야겠다'라고 생각하면, 집안일을 할 때 매우 강력한 힘이 생길 거예요.

2 먼저 나서서 분담하는 습관을 길러요.

가족의 한 사람으로서 서로 돕는 건 매우 중요한 일이야!

우리가 머뭇거리고 망설이다가 첫걸음을 떼지 않는 이유는 아직 먼저 나서서 분담하는 습관이 길러지지 않았기 때문이에요. 가족 구성원으로서 서로 돕는 건 매우 중요한 일이에요. 부모님이 일이 너무 바빠서 집안일을 잘 못 챙길 때 우리는 주저 없이 나서야 해요. 집안일은 부모님만 책임져야 하는 일이 아니에요.

3 할 수 있는 일부터 시작해요.

집안일은 하나도 어렵지 않아.
우선 작은 일부터 시작하자. 천천히 배우는 거야!

잘하지 못할까 봐 걱정된다고요? 괜찮아요. 우선, 할 수 있는 일부터 시작해 봐요. 부모님께 물을 따라 드리고 물건을 가져다 드리는 일만으로도 가족끼리 따뜻함을 나눌 수 있고, 부모님께 우리의 관심을 느끼게 해 드릴 수 있어요. 집안일은 어렵지 않아요. 먼저 자신이 할 수 있는 작은 일부터 시작해서 천천히 배우면 돼요.

 **심리학 박사님과 이야기 나누기**

'방구석 청소도 하지 않는 이가 어찌 천하를 다스릴 수 있겠느냐?'
이는 집안일의 중요성을 말하고 있어요.
집안일을 한다는 것은 자신이 가족의 한 사람이라는 상징적인 의미가 있어요. 집안일을 하면 자신이 이 가정과 연결되어 있다는 느낌을 받을 수 있어요.
집의 모든 공간을 한 장의 종이로 나타낼 수 있고 우리가 이 종이 위의 연필이라면, 우리의 모든 행동은 이 공간 속에 흔적을 남길 거예요. 어떤 것은 나선형, 어떤 것은 원형, 어떤 것은 호선형……. 이런 모양의 운동을 '원형(原型) 운동'이라고 불러요. 원형 운동을 충분히 경험해 보지 못하면 읽기, 쓰기, 계산하기에서부터 다른 학습 측면에까지 문제가 나타날 수 있어요.
집안일에는 많은 원형 운동이 숨어 있어요. 예를 들어 설거지할 때 반복적으로 원형(圓形) 운동을 하고, 빗질할 때 입체적인 나선형 운동을 하고, 대걸레질할 때 직선 운동을 하는 것이죠. 이는 우리의 신체적 능력, 인지 능력을 발전시키고 자아 공감 능력과 책임감을 길러 줘요. 빗질을 예로 들면, 빗질할 때 우리는 여러 감각기관과 주의력을 조화롭게 사용해야 하고 일정 공간에 대해 인식해야 해요. 어디서부터 쓸어서 어느 방향으로 쓸 것인지, 쓰레기는 한 군데로 모을 것인지 두 군데로 모을 것인지 등등이죠. 집안일에는 위와 같은 판단력과 힘이 있어야 하고, 각각의 집안일을 할 때 필요한 능력도 그에 따라 각각 발전하게 돼요.
한 하버드대생의 연구에서 놀라운 결과가 나타났어요. 그것은 바로 집안일을 하는 걸 좋아하는 아이와 그렇지 않은 아이가 성인이 되어 취업하는 비율이 15:1로 나타난 거예요.
가족의 중요한 구성원으로서 우리는 나이와 상관없이 가정에 대한 책임을 어느 정도 져야 하는데 집안일을 하는 것이 바로 가장 좋은 방법이랍니다.

 # 나도 저 친구처럼 될 거야

Q. 저는 성적이 좋지 않아요. 그런데 성적이 좋은 친구들과 친구가 될 수 있을까요? 항상 저는 그들과는 다른 사람이고, 그들에게 무시당할 거라는 생각이 들어요. 때로는 그들이 너무 잘난 체한다는 생각이 들고 질투가 나서 함께 놀고 싶지 않기도 해요. 이런 마음이 드는 건 제 문제일까요?

A. 성적이 좋은 친구에게 질투심을 느끼고 심한 경우 적대감이 드는 이유는 사실 자신의 성적이 좋지 않고 열등감을 느끼기 때문이에요. 이것은 심각한 문제는 아니에요. 이때 우리는 마음가짐을 바꿔 볼 수 있어요. 성적이 좋은 친구를 배워야 할 대상이라고 생각하는 거예요. 공부의 목표가 생겼으니 우리의 생활과 관계도 더욱 적극적으로 변할 거예요.

mentality
자신보다 성적이 좋은 친구를 볼 때 생길 수 있는 마음

저 친구는 성적이 너무 좋아서 나처럼 성적이 좋지 않은 사람을 어떻게 생각할지 모르겠어.

저 친구는 너무 성적이 좋아. 나와는 다른 사람이야. 같이 놀고 싶지 않아.

저 친구가 성적이 좋으니까 내가 질투하는 걸지도 몰라. 매번 만날 때마다 저 친구가 잘난 체한다는 생각이 들어.

심리분석 & 힌트

1. 저 친구는 정말 멋져요. 우리도 저 친구처럼 되어 봐요!

2. 공부를 잘하는 친구와 함께 놀고 공부하면 우리도 공부를 잘하게 될지도 몰라요.

3. 다른 사람에게 배우는 건 기뻐해야 할 일이에요.

연습 & 설명

1 질투의 대상을 배워야 할 대상으로 바꿔요.

저 친구를 질투하지 말고 배워야 해. 그래야 내게도 공부할 힘이 생길 거야.

뭐가 어찌 됐든 질투는 좋은 것이 아니에요. 이는 우리에게 부정적인 감정을 심어 줘요. 하지만 자신이 배워야 할 대상을 본받는 것은 좋은 일이에요. 앞으로는 공부에서도 생활에서도 질투의 대상을 배워야 할 대상으로 바꿔서 공부할 힘을 만들어요.

2 사람들의 장점을 배워요.

단점만 보지 말고 친구들의 장점을 많이 봐야지!

친구들과의 관계는 긍정적인 영향도 부정적인 영향도 줄 수 있어요. 이것은 우리가 다른 사람을 어떻게 바라보느냐에 따라 결정돼요. 사람들은 모두 장단점이 있어요. 우리가 단점만 바라본다면 우리에게는 부정적인 마음이 생길 것이고 '저 친구는 정말 멋져, 배울 점이 있는 친구야'라고 생각하면 긍정적인 관점이 생길 거예요. 생활하면서 사람들의 장점을 많이 보고 배워야 해요.

3 성장 목표가 있으면 적극성을 크게 높일 수 있어요.

나도 저런 사람이 되고 싶어!

생활에는 공부 목표와 본보기가 되는 사람이 필요해요. 평소에 우리가 어떤 사람이 매우 훌륭하다고 생각하면 진심으로 이렇게 말할 거예요.
"저 친구는 정말 멋져. 정말 닮고 싶어."
"나도 저 친구처럼 되고 싶어."
성장 과정에서 성장 목표와 배워야 할 대상이 있는 것은 아주 좋은 일이에요. 그렇게 하면 우리 생활의 적극성을 높일 수 있어요.

심리학 박사님과 이야기 나누기

사람과 사람은 서로 연결되어 있고 서로 영향을 줘요. 우리의 좋은 점이 주위 사람들에게 영향을 끼칠 수 있고, 마찬가지로 주위 사람들의 안 좋은 습관이 우리에게 들어올 수도 있어요. 그래서 우리는 의식적으로 자신보다 훌륭한 친구들을 많이 사귀어야 해요. 그러면 자기도 모르게 그들을 본받고 그들에게서 자신에게 없는 장점을 배울 수 있어요. 이것이 바로 '견현사제(見賢思齊, 어질고 재능이 있는 사람을 보면 자기도 그렇게 되려고 따르고 노력하다)'예요. 그뿐만 아니라 우리가 힘든 일이 생겼을 때 훌륭한 친구들은 우리에게 꼭 필요한 조언이나 도움을 줄 수 있고 우리를 위해 계획을 세워 주고 우리가 난관을 헤쳐 나아갈 수 있게 도와줘요.

우리는 자신이 이미 매우 훌륭하다고 생각하고 다른 사람에게 배우려고 하지 않기 때문에 더 이상 발전하지 못하는 것일 수 있어요. 더 발전하고 싶다면 다른 사람의 장점에 관심을 가져야 해요. 그래야 자신의 부족한 점을 볼 수 있어요. 사람들은 모두 각각의 영역에서 전문가일 수 있어요. 우리는 반드시 충분히 겸손한 태도를 유지하면서 끊임없이 발전해야 해요.

마지막으로 우리는 다른 사람에게서 정반대의 두 가지를 배울 수 있어요. 상대방의 장점을 배우는 동시에 '단점'도 참고해서 실패를 되풀이하지 않는 거예요. 이것이 바로 비판적 학습이에요. 한 자의 길이도 짧을 때가 있고, 한 치의 길이도 길 때가 있지요. 우리가 다른 사람과 자신을 객관적으로 볼 수 있다면 그의 장점과 자신의 부족함을 발견할 수 있고, 그의 경험을 흡수해 끊임없이 자신을 완벽하게 만들 수 있어요.

21 자만하지 않아요

Q. 어제 국어 수업에서는 이미 제가 다 아는 내용이어서 다시 들을 필요가 없다는 생각이 들었어요. 저는 그래서 국어책이 아닌 다른 책을 펼쳤어요. 선생님이 그걸 보고는 제가 자만한다고 꾸짖으셨어요. 저는 너무 억울했어요. 국어 시험을 볼 때마다 상위권에 드는데 수업 한 번 안 들었다고 이렇게 혼내시다니요.

A. 선생님이 꾸짖는 건 당연해요. 우리는 '온고지신(溫故知新)'에 대해 잘 알아야 해요. 이미 배워서 아는 것이라고 해도 복습하고 더 확실히 익혀야 하는 거예요. 자만하는 심리는 우리의 성장 과정에서 자주 나타나곤 하지요. 하지만 우리는 자만심이 더 커지지 않게 해야 해요.

자만할 때 생길 수 있는 마음 (mentality)

선생님이 수업 시간에 말씀하시는 것들은 이미 내가 다 아는 거야. 그래서 나는 수업을 안 들을 거야.

▼

나는 이미 너무 잘해. 더 배울 게 없는 것 같아.

▼

별 노력 안 해도 100점을 맞을 수 있어. 난 너무 똑똑해서 다음부터는 이렇게 노력하지 않아도 되겠어.

▼

심리분석 & 힌트

1. 잘 모르고 이해하지 못하는 것들이 아직 많아요. 더 많이 배워야 해요.

2. 점수가 높다는 것이 뭐든지 다 할 수 있다는 뜻은 아니에요.

3. 우리보다 훌륭한 사람이 아주 많아요. 계속 열심히 해야 해요!

연습 & 설명

1 너무 자만하면 적극성이 낮아져요.

조금 자만한 건 괜찮지만 너무 잘난 체하면 안 돼!

우리에게는 자만하는 심리가 있을 수 있어요. 이것은 아주 당연한 감정이에요. 하지만 지나치게 자만하면 잘난 체를 하게 되고 적극성도 낮아져요. 그러니 자만하는 마음을 조절해야 해요. 조금 자만한 건 괜찮지만 너무 잘난 체하면 안 돼요.

2 가장 자만할 만한 건 끊임없이 노력하고 공부한다는 것!

강력한 진취적인 마음을 가져야지.

가장 자만할 만한 것은 무엇일까요? 보통 이렇게 생각할 수 있어요.
'나한테 뭐가 있겠어?'
'내가 뭘 할 줄 알겠어?'
앞으로는 이런 생각을 바꿔야 해요. '이미 ~을 가지고 있어', '이미 ~을 할 수 있어'라고 생각하는 것이죠. 이런 것들은 분명 자만할 만한 거예요. 하지만 가장 자만할 만한 것은 끊임없이 노력하고 공부한다는 점이에요. 이렇게 하면 우리는 강력한 진취적인 마음을 가질 수 있어요.

3 자신을 더 좋은 사람으로 만들어요.

나는 더 좋은 사람이 될 거야!

우리가 성적에 대해서나 생활에 대해서 매우 만족할 때가 있어요. 이런 만족감과 성취감을 느끼는 것은 긍정적이고 칭찬받을 부분이에요. 하지만 이것은 우리가 더 좋은 사람이 되고 더 훌륭해지는 것을 방해할 수 있어요. '나는 더 좋은 사람이 될 거야!'라는 믿음을 가지면 우리의 적극성은 크게 높아질 거예요.

심리학 박사님과 이야기 나누기

심리학에서 자만과 열등감은 서로 대립하는 개념이에요. 자만은 자신이 타고난 것들을 과장하는 것으로, 자만한 사람은 인정받지 못하면 불안을 느끼고, 불안과 분노가 아무 효과가 없으면 실망하고 상처받고 결국 열등감을 느끼게 돼요.

자만하는 사람은 자신을 객관적으로 바라보지 못하기 때문에 자신을 보호하기 위해서 보이지 않게 자신을 과장해요. 이는 인간관계에서 그 사람의 이미지를 거짓되게 만들고 다른 사람이 그 사람의 진짜 성격에 대해 의심하게 만들어요. 진실은 인간관계에서 중요한 기준이기 때문에 자만하면 관계를 잃게 되죠.

자만에는 또 하나의 큰 특징이 있어요. 바로 부분적인 것에 집중해 전체를 보지 못하는 거예요. 거짓으로 자신을 위장하면 우리는 문제를 정확하게 바라보고 처리하는 능력과 객관적인 판단력을 잃어버려요. 이런 '자신을 감추는' 보호 방식은 반드시 오래가지 못해요.

자만한 사람은 익지 않은 벼 이삭 같다는 말이 있어요. 열매가 없는 빈 벼 이삭은 논 속에 거만하게 서 있을 수 있지만, 열매가 꽉 찬 벼 이삭은 되레 고개를 숙이고 깊게 생각한다는 거예요. 정말 적절한 비유지요. '열매가 없는 빈 벼 이삭'이 되지 말고 '열매가 꽉 찬 벼 이삭'이 되어서 어떻게 해야 자신을 발전시킬 수 있을지 깊게 생각해야겠습니다.

제 **4** 장

방법 편

★ **호기심을 기르고, 적극성을 높여요.**

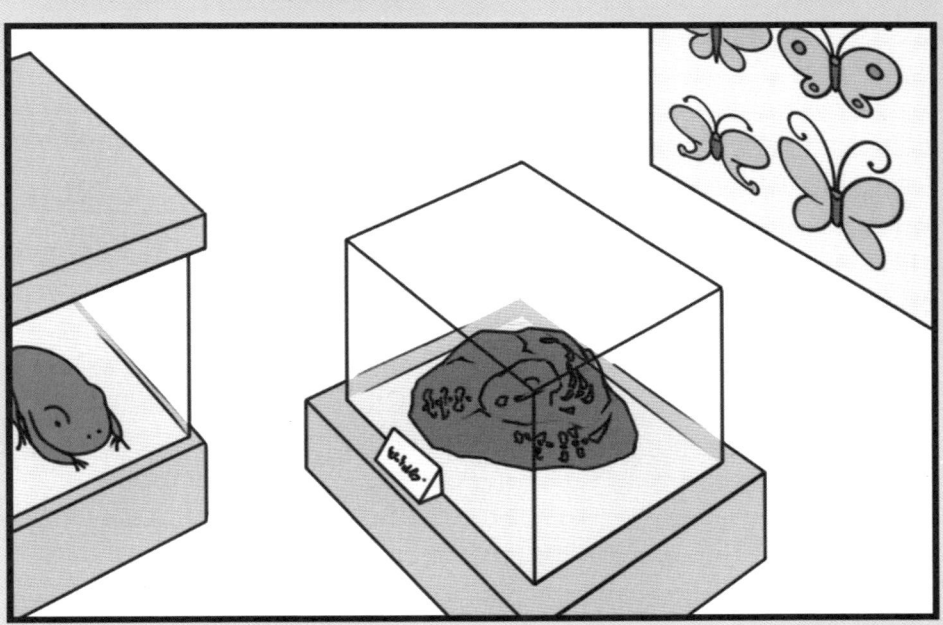

공부할 때 더 많은 방법으로 자신의 적극성을 올릴 수 있어요. 우리 함께 다음 내용을 배워 봐요.

몰입하는 감정을 길러요

진심으로 어떤 일을 좋아하는 것은 매우 중요해요. 좋아해야 감정을 몰입할 수 있고, 더 많은 시간과 노력을 들여 관심을 기울일 수 있으며, 그 일을 더 쉽게 할 수 있고 쉽게 성공할 수 있기 때문이에요. 예를 들어 엄마가 우리를 위해 등록해 주는 여러 학원은 대부분 우리가 좋아하는 게 아닐 수 있어요. 그래서 우리는 처음 학원에 가면 그렇게 적극적으로 행동하지 않아요. 하지만 그림 그리기, 축구, 아이스크림 먹기, 반려동물 기르는 일 등 우리가 진심으로 좋아하는 일에는 더 쉽게 감정을 몰입하고 관심을 가지지 않나요?

mentality
몰입할 때 생길 수 있는 마음

나는 내가 뭘 좋아하는지 모르겠어.

지금은 이것을 좋아하지만, 신선함이 떨어지면 싫어하게 될 거야.

어떤 일에 오래 관심을 가지고 좋아하는 것은 어려운 일이야.

이것도 좋아하고 저것도 좋아하는 거 같은데 시간이나 노력을 들이는 일은 없어.

심리분석 & 힌트

1. 자신이 진심으로 좋아하는 일이 무엇인지는 자기 자신만 알 수 있어요.

2. 어떤 일에 대한 신선함이 떨어지면 곧 싫증이 나는 이유는 대부분 우리가 그것에 대해 깊게 이해하지 못했기 때문이에요.

3. 어떤 일을 계속 좋아하고 싶다면 그 일을 자신의 취미로 만들고 감정을 몰입해야 해요.

4. 너무 많은 일을 선택하면 혼란에 빠지기 쉬워요. 여러 가지 일을 다 한다면 아마 제대로 하는 게 아무것도 없을 거예요. 자기 자신에게 진심으로 좋아하는 것이 무엇인지 먼저 물어봐야 해요.

연습 & 설명

1 천천히 좋아하도록 해요.

감정이 생기고 발전하는 것은 마치 친구를 사귀는 것처럼 과정이 필요해.

한번에 좋아지는 일들도 있지만, 대부분의 일은 나중이 돼서야 천천히 좋아져요. 이것을 친구를 사귀는 일과 비교해 볼 수 있어요. 처음에는 가까워지기 어렵다고 생각했던 친구가 알고 보니 좋은 친구였다고 느낄 때가 있는 것처럼, 대부분의 일에 대해 단칼에 거절하지 말고 좋아하도록 노력해 봐요. 나중에 천천히 감정이 생길 수도 있으니까요.

2 '신선함'뿐만 아니라 익숙함을 이해해야 해요.

대부분의 일은 알면 알수록 익숙해지는데, 익숙해질수록 더 좋아질 수 있어!

어떤 일에 빠지는 것은 신선함 때문인 경우가 많아요. 하지만 신선함은 매우 짧아서 우리가 어떤 일을 오래 좋아하고 관심을 가지게 할 수 없어요. 어떤 일에 대해 감정이 생길지 말지는 그 일에 대해 얼마나 이해하고 익숙한지에 달렸어요. 몰입하는 감정을 기르려면 신선함에 멈춰 있지 말고 그 일을 이해하고 익숙해져야 해요.

3 좋아하는 사람과 함께해요.

맞아! 좋아하는 사람과 함께하면 더 쉽게 즐거움을 얻을 수 있어.

감정을 기르는 또 다른 방법은 바로 좋아하는 사람과 함께하는 거예요. 그렇게 하면 더 쉽게 즐거움을 얻을 수 있고, 지금 하고 있는 일이 좋아져요. 예를 들어 지금까지는 축구를 그다지 좋아하지 않았고 단지 친한 친구가 축구를 좋아해서 함께했을 뿐이더라도, 시간이 흘러 친구들과 축구하는 게 매우 즐겁다고 느끼면 진심으로 축구가 좋아질 수 있어요.

심리학 박사님과 이야기 나누기

미국의 유명한 심리학자 미하이 교수는 이런 말을 했어요. "마음속의 경험을 조절하고 감정을 몰입하는 법을 아는 사람은 자기 삶의 질을 결정할 수 있고, 행복과 가까워질 수 있다."

미하이 교수는 1960년부터 과학자, 기업가, 정치인, 예술가, 운동선수 등 '성공한 사람'에 대해 연구했어요. 15년간의 연구 끝에 그는 이 사람들이 같은 경험을 가지고 있다는 것을 알게 되었어요. 그것은 자신이 좋아하는 일을 할 때 모든 정신을 집중해 자기 자신도 잊어버리고, 시간의 흐름이나 주위 환경의 변화를 알지 못한다는 거였어요. 그들은 일할 때 모든 감정을 몰입하고 그 속에서 즐거움을 느꼈고, 그 일에 따른 돈이나 칭찬과 같은 외부의 이유 때문이 아니라 진심으로 흥미를 느껴서 그 일을 했어요.

이렇게 온 정신을 집중함으로써 생기는 감정을 미하이는 'flow'라고 부르고, 이것을 가장 좋은 심리적 경험이라고 생각했어요. 칭화대학교 펑카이핑 교수는 'flow'를 '복류(福流)'라고 해석하고, 이것이 행복의 최종 상태라고 말했어요. 'flow' 상태에서 우리가 하는 일은 그 자체가 곧 칭찬이자 즐기는 것이고 보상이기 때문에 더 많은 외부의 칭찬이나 보상이 필요하지 않아요. 이는 사실 우리가 배워야 할 심리 상태예요. 하는 일에서 즐거움과 의미를 찾고 누가 시켜서 하던 태도에서 스스로 하는 태도로 바꾸는 것이죠. 이렇게 하면 성취감도 얻을 수 있을 뿐만 아니라 모든 과정에서 행복을 느낄 수 있을 거예요.

 # 만족감을 느끼는 법을 배워요

어떤 일을 해서 만족감을 얻을 수 있다면 우리는 그 일을 더 적극적으로 할 수 있어요. 만족감은 우리가 공부하고 생활할 수 있는 가장 직접적인 힘이에요. 우리가 노력해서 성적이 오르면 만족감을 얻을 수 있고, 많은 시간과 노력을 들였지만 발전이 없으면 마음에 상처를 입거나 적극성이 무너질 수 있어요. 이처럼 만족감을 느끼는 것은 적극성을 빠르게 올리는 데에 아주 큰 효과가 있어요. 만족감을 얻기 위해서는 심리 상태를 조절하는 것이 가장 중요해요. 좋은 심리 상태를 갖고 있다면 자신만의 만족감을 느낄 수 있을 거예요.

만족감을 느끼려고 할 때 생길 수 있는 마음 (mentality)

뭘 해도 즐겁지 않아!

목표를 달성하지 못하면 내가 한 모든 노력이 다 헛된 게 될 거야.

나는 꼭 성공해야 해. 실패는 받아들일 자신이 없어.

하나도 재미없어. 지루해!

심리분석 & 힌트

1. 생활할 때 좋은 심리 상태를 갖고 있으면 더욱 쉽게 만족감을 느낄 수 있어요.

2. 어떤 일을 좋아하는 것은 그렇게 복잡한 일이 아니에요. 우리가 그 속에서 즐거움만 얻으면 돼요.

3. 어떤 일의 결과는 매우 중요해요. 하지만 노력의 과정 역시 소중하답니다.

연습 & 설명

1 먼저 심리 상태를 조절해요.

때로는 정말 심리 상태가 모든 것을 결정해!

어떤 일을 해도 기쁘지 않은 이유는 어쩌면 심리 상태가 좋지 않기 때문일지 몰라요. 만족감을 얻기 위해선 좋은 심리 상태가 매우 중요해요. 심리 상태가 좋지 않으면 일의 효율과 성공률이 떨어져요. 그러니 어떤 행동을 하기 전에 먼저 심리 상태를 잘 조절해야 한다는 것을 기억해요.

2 단순한 즐거움을 소중하게 생각해요.

먼저 가장 간단하게 만족감을 느낄 수 있는 일을 찾고, 그것이 나를 즐겁게 할 수 있는지 생각해 봐야 해.

'매우 기쁘다', '매우 즐겁다'는 감정은 우리가 어떤 일을 할 때 느낄 수 있는 가장 기본적이고 간단한 만족감이에요. 예를 들어 "아빠와 함께 노는 게 좋아. 아빠와 함께 있으면 뭘 해도 기분이 좋아"와 같은 단순한 즐거움이 바로 가장 간단한 만족감이에요. 이런 만족감은 성공이나 실패에 대한 지나친 고민이 섞여 있지 않기 때문에 우리는 이런 단순한 즐거움을 소중하게 생각해야 해요.

3 작은 목표만 세워도 좋아요.

저번 시험보다 점수가 높았으면!

큰 목표는 작은 목표들이 합쳐진 거야!

우리가 만족감을 느끼지 못하는 이유는 자신에 대한 기대가 너무 높기 때문일 수 있어요. 예를 들어 '이번 시험에서 꼭 100점을 맞을 거야!'와 '저번 시험보다 점수가 높았으면!'이라는 두 가지 서로 다른 목표가 있을 수 있어요. 큰 꿈을 가지는 것도 좋지만 현실을 인정해야 해요. 큰 목표는 갖가지 작은 목표가 합쳐진 거예요. 먼저 작은 목표를 세워야 해요.

4 성공 외에 다른 방식으로도 만족감을 얻을 수 있어요.

내 모든 노력이 다 헛되지는 않을 것임을 알아야 해.

만족감은 성공의 문제만은 아니에요. 성공 외에 다른 방식으로도 만족감을 얻을 수 있어요. 예를 들어 시합에서 지더라도 우리는 우정을 얻고 의지를 다질 수 있어요.

심리학 박사님과 이야기 나누기

1년을 24개의 절기로 나누는 문화가 있어요. 이 24절기는 서로 대응하는 절기가 있어요. 예컨대 소서와 대서, 소설과 대설, 소한과 대한이 있지요. 그중 딱 하나의 예외가 있는데 그것은 바로 소만이에요. 소만은 있지만 대만은 없거든요.
그 이유는 뭘까요? 어떤 일도 '대만(大滿, 대만족)'할 수 없고 지나친 만족은 손해를 불러오기 때문이죠. 어떤 일이든 모두 그것만의 발전 한계가 있어서 '대만'하고 그 끝에 도달했거나 초과하면 쇠락하게 된다는 평행 문화에서 비롯한 사고랍니다. 하지만 '소만'은 씨앗이 꽉 차기 시작하고 아직은 익지 않았지만 익어가는 때를 말해요. 이때의 보리는 아직 제대로 여물지 않은 상태지만 며칠 안에 하늘가까지 다다를 황금빛 보리밭을 만들어 내요. '소만'은 바로 이런 수확 직전의 만족감을 나타내는 것이죠.
사실 많은 일이 이런 이치를 따라요. 그래서 만족함을 알아 멈출 줄 알고, 즐거워할 줄 알아야 해요. 지나치게 성공을 바라고 자신에게 압박을 주면 어떤 일도 잘되지 않을 거예요. 이런 의미에서 '만족감'은 바로 극한에 도달할 필요가 없는 최적의 심리 상태예요. 계절은 소만에만 멈춰 있을 수 없고 무더운 여름으로 넘어가야 하지만, 우리의 심리 상태는 최대한 '소만'에 머물게 할 수 있어요. 이렇게 하면 늘 만족감과 행복감을 느낄 수 있답니다.

 ## 긍정적인 심리 상태를 만들어요

긍정적인 심리 상태는 공부와 생활에 모두 중요해요. 긍정적인 심리 상태를 가지면 무슨 일이든 최악의 방향으로만 생각하지 않을 수 있고, 어떤 좌절이나 힘든 일을 겪을 때도 쉽게 비관하거나 자신감을 잃지 않을 수 있어요. 예컨대 친한 친구와의 관계가 깨졌더라도 그 상황에 용감하게 대처하고 다시 친구를 사귈 수 있어요. 또한 글쓰기 대회에서 평소 실력을 발휘하지 못해 순위권에 들지 못했더라도 자신의 실력을 의심하지 않아요. 오히려 이를 소중한 경험으로 삼아 다음번에 진짜 실력을 발휘하고자 노력할 수 있죠. 지금부터 긍정적인 심리 상태를 만들어 봐요.

긍정적인 심리 상태를 만들 때 생길 수 있는 마음 (mentality)

나는 그럴 능력이 없어. 영원히 할 수 없을 거야.

그렇게 많이 알아서 뭐 해. 시험 점수만 높으면 되지.

왜 나는 늘 실패하는 걸까?

노력해도 소용없어. 이미 해 봤어. 성공할 수 없을 거야.

심리분석 & 힌트

1. 지금 성적이 안 좋은 게 앞으로도 계속 안 좋을 거라는 뜻은 아니에요.

2. 세계는 넓어요. 더 많이 배우고 더 많이 알아야 해요.

3. 우리가 이룰 꿈이 아직 더 많아요!

4. 실패해도 괜찮아요. 계속 노력하면 결국 성공할 거예요!

연습 & 설명

1 긍정적인 심리 상태의 기초는 자신감이에요.

능력이 많든 적든 그것이 제일 중요한 것은 아니야.
결정적인 것은 자신감이야.

긍정적인 심리 상태를 만들려면 먼저 자신감 있는 사람이 되어야 해요. 자신감은 긍정적인 심리 상태를 만드는 기초 요소예요. 자신감 있는 사람은 어떤 일이든 긍정적이고 적극적인 태도로 바라보고 더 쉽게 용감하게 행동하지만, 자신감이 없는 사람은 새로운 일에 도전할 용기가 없고 적극적으로 행동하지 못해요.

2 모든 생각에는 행동력이 뒷받침되어야 해요.

친구들이 아직 나를 잘 모르는 것 같아.
앞으로 좋은 모습을
보여줘야지.

행동력은 긍정적인 심리 상태를 견고하게 만들 수 있어요. 영어를 공부하겠다고 결심했다면 그저 말만 하지 말고 매일 노력해야 해요. 계속 행동으로 옮기지 않으면, 원래 긍정적이었던 심리 상태가 무너져요. 그러니 모든 생각에는 행동력이 뒷받침되어야 해요. 말하면 바로 행동해야 하는 거예요.

3 결과가 내 생각 같지 않을 때.

결과에 대해 최대한 많이 예측하고 잘 대처할 방법을 준비해야 해.

모든 일의 결과가 우리가 바라는 대로 나올 수는 없어요. 공부할 때나 생활할 때 열심히 노력했지만 돌아오는 것이 없거나 결과가 좋지 않은 경우는 아주 많아요. 예를 들어 학급 임원 선거에서 떨어지거나 친한 친구가 약속을 지키지 않는 일 등이 있어요. 우리가 결과를 예측해 두고 그에 대한 대처 방법을 준비해 놓았다면, 그 결과가 나타났을 때 크게 실망하지 않을 수 있고, 계속 긍정적인 심리 상태를 유지할 수 있어요.

심리학 박사님과 이야기 나누기

미국의 성공학 전문가 나폴레온 힐은 이렇게 말했어요.
"심리 상태는 운명의 통제탑이다. 심리 상태는 우리 인생의 성패를 결정한다."
다시 말해 늘 낙관적이고, 평화롭고 긍정적인 심리 상태를 유지하는 것이 우리가 성장하는 데에 가장 중요한 조건이라는 거예요.
긍정 심리학이 얼마나 신기한지 한번 볼까요? 심리 상태가 긍정적인 사람은 수명도 더 길다고 해요. 미국의 심리학자 셀리그만이 70명의 심장병 환자를 대상으로 실험한 결과, 17명의 가장 비관적인 사람들 중 16명이 두 번째 심장 발작을 견디지 못하고 죽었고, 19명의 긍정적인 심리 상태를 가진 사람들 중 단 1명만이 심장병으로 목숨을 잃었다고 해요. 이를 통해 긍정적인 심리 상태가 질병을 이기는 제1 방어선이라는 것을 알 수 있어요.
연구에 따르면 긍정적이고 낙관적인 친구들은 커서도 우울증을 앓는 경우가 매우 적고, 사회로 나간 뒤 업무 성과나 사회적 지위도 비관적인 사람들보다 높다고 해요. 긍정적으로 생각하는 사람은 더 나은 사회도덕 소양과 사회 적응 능력을 갖추고 있고, 더 가벼운 마음으로 스트레스 및 역경과 손해를 대할 수 있으며, 가장 불리한 상황에 부닥쳤을 때도 이를 가뿐하게 벗어날 수 있어요.
사실, 긍정적이고 낙관적인 마음은 배울 수 있는 것이에요. 비관적인 사람은 심리 훈련을 통해 낙관적인 사람이 될 수 있어요. 그러니 우리 빨리 배워 봐요. 긍정적인 심리 상태가 우리에게 부유하고 건강한 생활을 선물할 거예요.

노력하는 사람이 돼요

Q. 학부모 회의에 다녀온 엄마는, 선생님께서 제가 매우 똑똑하다고 칭찬하면서도 조금만 더 노력하면 좋겠다고 말씀하셨다고 했어요. 엄마는 이 말이 제가 공부할 때 아직 덜 적극적이라는 뜻이라고 했지요. 제가 덜 열심히 하고 덜 적극적이라는 이것은 과연 칭찬일까요, 꾸중일까요?

A. 선생님의 이 말씀은 격려라고 할 수 있어요. 좀 더 열심히 공부하라는 격려 말이에요. 주위 친구들을 살펴봐요. 적극적인 친구들이 더 열심히 하고, 열심히 하는 친구들이 더 적극적이지 않나요? 노력하면 더욱 공부에 충실한 사람이 될 수 있어요. 선생님의 조언을 잘 듣고 노력하는 사람이 되어야 한답니다.

심리분석 & 힌트

1. 대충대충 해서 성공한 사람은 없어요!

2. 부지런하게 행동하면 사람 자체도 충실하게 바뀌고 적극성도 엄청나게 오를 거예요!

3. 여러분이 마음을 다해 노력하면 많은 문제를 해결할 수 있어요.

4. 열심히 하는 사람이 목표를 더 쉽게 달성해요.

연습 & 설명

1 일하지 않고도 성과가 있는 것에 대해 어떻게 생각해야 할까요?

일하지 않으면서 소득이나 행운을 바라면 적극성이 줄어들 거야.

우리 주변에 이런 친구들이 있어요. 평소에 별로 공부를 하는 것 같지 않고 매일 노는 것 같은데 시험 성적은 항상 상위권에 있는 친구들 말이에요. 이에 대해 '저 친구는 공부를 안 하고 대충대충 공부해도 높은 점수를 받는구나!' 하는 착각에 빠질 수 있어요. 하지만 사실 우리는 그 친구가 열심히 공부하는 모습을 보지 못했잖아요. 일하지 않으면서 소득이나 행운을 바란다면 우리의 적극성은 점점 약해질 거예요.

2 열심히 하면 부족한 능력을 채울 수 있어요.

세상에서 가장 좋은 공부 방법은 열심히 하는 거야!

세상에서 가장 좋은 공부 방법은 바로 열심히 하는 거예요. 열심히 하면 우리의 부족한 능력을 채울 수 있고, 일을 더욱 능숙하게 할 수 있어요. 예를 들어 피아노를 배울 때 가끔 연습하는 것과 매일 연습하는 것은 익히는 정도와 연습 효과가 완전히 달라요. 자주 함께 훈련하는 축구팀의 호흡이 훨씬 더 좋은 것도 같은 이치예요. 어떤 일을 하든 우리는 열심히 해야 한답니다.

3 계획을 세우고 실행해요.

행동으로 옮겨야 해. '열심히' 하는 것은 말로만, 머릿속으로만 자신을 격려하는 게 아니야.

'열심히' 하는 것은 말로만, 머릿속으로만 자신을 격려하는 것이 아니에요. 행동력과 실행력이 필요하죠. 열심히 해서 어떤 일을 실현 가능하게 하려면 일을 하기 전에 반드시 계획을 세우고 실행해야 해요. 계획에 따라 한 걸음씩 행동하면서 '진짜 열심히' 하는 사람이 되어야 해요.

공부할 때 게으른 것과 생활할 때 산만한 것은 서로 깊은 관련이 있어요. 그래서 규칙적인 생활 리듬을 지키는 것이 게으른 습성을 고치는 첫 번째 단계예요. 일상생활에 질서가 있는 사람은 어떤 일을 할 때 꾸물거리지 않는답니다.

의존하는 마음도 게으름의 원인 중 하나예요. 의존하는 마음을 극복하려면 자기 일은 자기가 할 줄 알아야 해요. 예컨대 스스로 수학 문제를 풀고, 발표 준비를 하고, 인간관계를 맺는 것 등이지요. 공자는 "어떤 것을 아는 사람은 그것을 좋아하는 사람만 못하고, 좋아하는 사람은 즐기는 사람만 못하다"라고 말했어요. 다시 말해 흥미라는 '조미료'가 있으면 공부할 때 게으름을 없애고 그 속에서 즐거움을 느낄 수 있다는 뜻이에요.

원래 공부에 흥미가 없었던 친구가 있어요. 그 친구는 작은 동물들 기르기를 좋아했는데, 이 사실을 알게 된 선생님께서는 그 친구에게 다른 친구들 앞에서 자신이 잘하는 것, 동물을 기르면서 알게 된 것들을 소개하도록 했어요. 선생님께서 그 친구가 흥미를 느끼는 부분을 합리적으로 지도한 덕분에 그 친구는 야외 활동 때도 먼저 나서서 적극적으로 참여하고, 수업 시간에도 열심히 공부하는 학생이 되었어요.

'얼음이 석 자나 언 것은 하루 추위에 다 언 것이 아니다.' 이 말처럼 공부할 때 게으름을 피우는 것은 하루아침에 바꿀 수 있는 습관은 아니에요. 하지만 게으름과 이별하겠다고 결심하고 실제 생활이나 공부할 때 이 마음을 계속 유지하면 우리는 생각보다 유능한 사람이 될뿐더러 눈부신 미래를 맞이할 수 있어요.

심리학 박사님과 이야기 나누기

호기심을 길러요

어떤 일에 대해 호기심이 생기면 우리는 그 일에 더 큰 관심을 가져요. 예를 들어 우리가 '금붕어는 잘 때 눈을 감지 않는다'는 사실에 호기심을 느끼면 이 일에 대해 늘 고민하고 왜 그런지 알고 싶을 거예요. 호기심은 우리가 쉽게 새로운 것을 공부하고 받아들이게 하는 방법이자 평생 공부할 수 있는 기초인 거죠. 게다가 호기심을 기르면 스스로 더 많은 정보를 수집해 분석하고 생각하고 가공하는 데 도움 돼요.

호기심을 기를 때 생길 수 있는 마음 (mentality)

공부에 별 도움이 되지 않는 것에 대해선 흥미가 없어.

호기심이 너무 많으면 정신이 분산되고 한 가지에 집중할 수 없어.

다른 일들 때문에 매우 바빠. 그렇게 많은 일에 대해서 알고 싶지 않아.

심리분석 & 힌트

1. 성적도 생활 속 일부분일 뿐이에요. 그 외에도 우리가 이해하고 탐구해야 할 것들이 아주 많답니다.

2. 다른 일들에 계속 호기심을 갖는다고 해서 어떤 일에 집중하는 데에 방해가 되진 않아요.

3. 수많은 성공이 호기심에서 시작되었어요.

4. 타고난 몽상가, 탐구가, 발견자가 되어 봐요!

연습 & 설명

1 호기심은 스스로 하는 마음을 만들어요.

내가 '로봇'이라면 호기심은 바로 엔진 모터야!

만약 우리가 '로봇'이라면 호기심은 바로 엔진 모터예요. 호기심은 스스로 하는 마음을 만들어요. 우리의 행동에 힘을 불어넣어 주는 것이죠. 호기심이 발동하면 알고 싶은 마음이 강해져 질문하게 되고 스스로 문제를 해결하게 돼요.

2 "왜?"라는 질문을 많이 해요.

왜 새는 날 수 있는데 닭은 날지 못할까?
왜 코끼리의 코는 저렇게 길까?

호기심을 기르는 빠르고 간단한 방법은 바로 공부할 때 "왜?"라는 질문을 많이 하는 것이에요. 질문하는 것을 좋아하는 것은 우리의 본능이에요. 왜 새는 날 수 있는데 닭은 날지 못할까? 왜 코끼리의 코는 저렇게 길까? 이런 질문들이 이상해 보일 수는 있지만 "왜?"라는 질문이 있어야 탐구도 할 수 있는 거랍니다.

3 먼저 나서서 교류하고 인간관계의 문을 계속 열어 둬요.

좋은 인간관계 능력과 소통 능력도 호기심을 기르는 데 도움이 돼.

호기심을 기르려면 우선, 먼저 나서서 교류하는 데에 능숙한 사람이 되어야 해요. 먼저 나서서 문제를 발견하고 질문하기 위해서는 우리가 선생님, 부모님, 친구 들과 관계를 맺고 소통해야 해요. 호기심은 사람들과 사귀고 교류하는 중에 생기기 때문이에요.

 심리학 박사님과 이야기 나누기

호기심은 공부에 대한 동기 중 하나이자 지식을 탐구하는 힘이고 창조적인 인재의 중요한 특징이에요. 심리학에서는 호기심이란 우리가 새로운 사물을 발견했을 때나 새로운 외부 환경에 놓였을 때 생기는, 주의하고 질문하고 조종하려는 심리적 경향이라고 말해요. 호기심이 강한 동물일수록 생존 능력이 강해요. 그들은 끊임없이 각종 물질의 속성을 탐구해서 주위 환경에 대처할 지식을 더 많이 얻기 때문이죠. 지금처럼 정보량이 폭발하는 시대에는 모르는 것에 대해 용감해야 하고, 자신이 배운 것들에 대해 충분한 호기심을 가져야 해요. 충분한 민감성, 호기심 그리고 끝까지 파고들려는 마음이 바로 능력을 발전시키는 핵심적인 힘이기 때문이에요.

유명한 과학자들은 모두 호기심이 강했어요. 뉴턴은 떨어지는 사과에 호기심을 가져서 만유인력에 대해 알아냈고, 와트는 끓는 주전자가 내뿜는 증기에 호기심을 가져 증기기관을 개량했어요. 아인슈타인 역시 어려서부터 괴팍하고 호기심이 강한 데다 나침반을 가지고 노는 것을 좋아했고, 갈릴레이는 샹들리에가 흔들리는 것을 보고 단진자를 발명했어요. 건강한 호기심을 가지고 생활하면 기적도 더 많이 일어나고 지식도 더 풍부해질 거예요.

다만 호기심에도 건강한 호기심과 그렇지 않은 호기심이 있어요. 건강한 호기심은 우리가 몰랐던 것을 알게 하지만, 건강하지 않은 호기심은 우리를 샛길로 빠지게 만들어요. 생활에 대해 호기심을 가지지 않으면 생활이 단조롭고 무미건조하게 느껴질 거예요. 더욱 정신을 똑바로 차리고 생활에 많은 관심을 가져야 해요.

# 27 발전을 추구하는 마음을 길러요

왜 발전을 추구하는 마음을 길러야 할까요? 이것이 다른 측면에서 성공을 바라볼 수 있게 해 주기 때문이에요. 성공이란 무엇일까요? 예를 들어 시험에서 1등을 하지 못하면 실패이고, 자격증 시험에서 합격하지 못하면 실패라고 생각하죠. 이런 생각들은 우리의 적극성을 떨어뜨려요. 발전을 추구하는 마음은 성공에 대해 다르게 생각할 수 있는 새로운 문을 열어 줘요. 더 이상 친구들과 경쟁하는 것이 아니라 자기 자신과 경쟁하는 거예요. 자신이 노력을 통해 바뀐 것이 있는지, 과거의 자신과 비교했을 때 발전이 있는지 살펴보는 거예요.

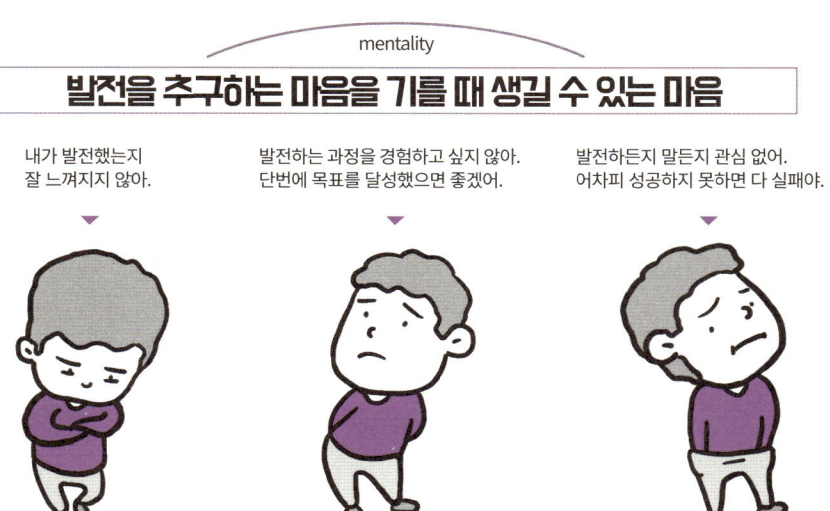

심리분석 & 힌트

1. 우리는 매일 성장하고 발전하고 있어요.

2. 쌓인 것이 있어야 성공할 수 있어요. 한 번에 성공하는 것은 현실적이지 않아요.

3. 자신이 과거보다 발전했다면 이미 성공한 거예요.

4. 자신이 매일 발전하고 있다고 믿어요. 한 걸음씩 내딛다 보면 결국 목표를 이룰 거예요.

연습 & 설명

1 성공을 다시 정의하고 적극성을 유지해요.

내가 발전하는 모습을 보면 자신감이 커질 거야!

우리는 대부분 성적이 단번에 많이 오르길 바랄 거예요. 그렇지만, 성적이 단번에 많이 오르지 않았다고 해서 자신의 노력을 완전히 부정해서는 안 돼요. 우리 스스로 발전하는 모습을 보면 자신감이 강해지고 적극성도 유지할 수 있을 거예요.

2 자신과 비교하고 목표를 정해요.

발전을 추구하는 마음을 기르는 것은 아무 목표도 없이 죽어라 열심히 하라는 것이 아니야. 자신과 비교하고 목표를 정해야 해!

자신과 비교한다는 것은 무조건 열심히 하는 것을 말하는 게 아니에요. 자신이 정말 발전했는지 정확하게 분석하기 위해서는 자신에게 어떤 목표를 정해 줘야 해요. 예를 들어 수학 성적이 늘 커트라인을 넘지 못했다면, 다음 시험에는 커트라인을 넘기는 것을 목표로 정하고, 그다음 시험에서는 더 높은 점수를 맞도록 노력하는 거예요. 그렇게 단계적으로 높여 나아가는 거예요.

3 어떻게 자신을 발전시킬까요?

성공할 수 있는 모든 방법을 종합하면 발전할 수 있어!

발전을 추구하는 마음이 확실해야 적극적으로 자신을 발전시킬 수 있어요. 어떻게 자신을 발전시킬까요? 방법은 여러 가지가 있어요. 예를 들어 계획을 정하고 실행하는 것, 자신에게 맞는 공부 방법을 활용하는 것, 더 많은 시간을 투자하는 것 등이죠. 이런 모든 방법을 종합하면 우리는 발전할 수 있어요. 발전했다는 것은 이미 조금 '성공'했다는 의미니까 조금 더 분발해 봐요.

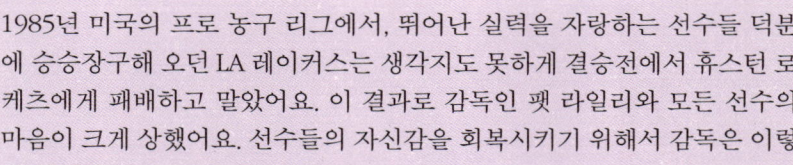

심리학 박사님과 이야기 나누기

1985년 미국의 프로 농구 리그에서, 뛰어난 실력을 자랑하는 선수들 덕분에 승승장구해 오던 LA 레이커스는 생각지도 못하게 결승전에서 휴스턴 로케츠에게 패배하고 말았어요. 이 결과로 감독인 팻 라일리와 모든 선수의 마음이 크게 상했어요. 선수들의 자신감을 회복시키기 위해서 감독은 이렇게 말했어요.

"여러분, 오늘부터 자유투, 패스, 인터셉트, 백보드 활용, 외곽슛 모두 조금씩만 더 발전시켜보는 게 어떨까요? 모든 부분에서 조금만 더 발전시키는 겁니다."

매일 조금씩 발전시킨다는 것이 큰 의미 없어 보이나요? 그렇지 않아요. 이것은 누가 어떤 일을 하든 한결같아야 하고 진리를 추구하고 이에 따라 행동해야 한다는 이치를 말하고 있어요. 매일 조금씩 더 발전하는 것은 매일 작은 성공들을 쌓아 큰 성공을 이루고, 작은 자신감들을 모아 큰 자신감으로 성공을 실현하는 가장 좋은 방법이에요.

'한 걸음을 내딛지 않으면 천 리를 갈 수 없고, 작은 냇물이 모이지 않으면 강과 바다를 이룰 수 없다'라는 옛말이 있어요. 성공은 단번에 이루는 것이 아니에요. 우리가 매일 자신을 조금씩 더 발전시킬 수 있다면, 그것이 단 1%의 발전이라고 해도 결국엔 성공에 도달할 수 있어요. 예를 들어 우리가 매일 1만큼 발전한다면, 1년이면 365만큼 발전할 수 있고 계속 이렇게 하면 모든 작은 발전이 모여 몇 년 후 거대한 발전을 이룰 수 있는 것이죠.

성공은 바로 매일 조금씩 더 발전하는 거예요. 어제보다 오늘 조금 더 발전했고, 오늘보다 내일 조금 발전한다면 이 과정이 곧 성공이랍니다.

스스로 공부하는 힘을 길러요

이런 경험이 있을 거예요. 방학 동안 부모님께서 "숙제는 다 했니?", "놀지 말고, 빨리 숙제부터 해라"라고 자꾸 말씀하셔서 부모님의 재촉에 어쩔 수 없이 공부를 시작한 경험, 부모님이 우리와 상의도 없이 어느 날 갑자기 "학원 등록했으니까 매주 수업을 들으러 가야 한다"고 말씀하셔서 학원에 가게 된 경험 말이에요. 이것들은 모두 누가 시켜서 하는 공부 방법이에요. 이런 공부 방법은 우리의 적극성을 쉽게 떨어뜨리고 본능적인 저항심을 불러일으켜요. 우리는 누가 말하지 않아도, 재촉하지 않아도 스스로 공부하는 힘을 더 길러야 해요. 스스로 공부하는 것은 하나의 습관이에요. 이런 좋은 습관을 기르는 일은 그리 어렵지 않답니다.

심리분석 & 힌트

1. 공부에는 끝이 없어요.

2. 공부 말고도 스스로 배우고 싶은 것이 있는지 생각해 봐요.

3. 공부라는 임무를 먼저 완수하고 나면 더 많은 시간을 다른 것들을 익히는 데에 쓸 수 있어요.

4. 사람들은 각자 좋아하는 것이 다르기 때문에 자신만의 흥미와 취미에 더 많은 시간과 힘을 쏟게 돼요.

연습 & 설명

1 잘못된 생각: 어른이 배우라고 하는 것만 배워요.

나는 무엇을 공부해야 하지?
나는 무엇을 공부하고 싶지?

우리와 같은 성장기의 전형적인 수동적 공부 방법이 바로 어른이 공부하라고 한 것만 하는 거예요. '나는 무엇을 공부해야 하지?' 혹은 '나는 무엇을 공부하고 싶지?'에 관해서 생각해 보지 않는 것이죠. 이게 습관이 되면 우리는 결국 스스로 공부하는 힘을 잃어버리고 말아요.

2 스스로 문제를 발견하고 자신에게 적당한 압박을 줘요.

곧 기말고사야. 교과서를 복습하는 데에 시간을 더 많이 투자해야 해!

문제를 해결하거나 압박에서 벗어나기 위해서 스스로 공부할 수 있어요. 예를 들어 자신의 수학 성적이 낮다는 사실을 알았다면 수학 공부에 더 많은 시간을 투자해야겠다고 생각하는 것, 기말고사가 얼마 남지 않았다면 교과서 복습에 더 많은 시간을 투자하겠노라 생각하는 것이에요. 스스로 공부하는 힘을 기르기 위해서 우리는 문제를 발견하고 자신에게 적당한 압박을 줄 수 있어요.

3 스스로 공부하는 것을 정해진 시간 습관으로 만들어요.

일단 스스로 공부하는 습관이 생기면 그 시간이 되면 누가 알려주거나 재촉하지 않아도 스스로 공부할 수 있어.

스스로 공부하는 힘을 기를 때 자신이 좋아하는 과목을 공부하는 것부터 시작해 봐요. 이는 스스로 공부하는 힘을 더욱 강하게 만들 수 있고, 좋은 공부 습관을 만들 수 있기 때문이에요. 예를 들어 매일 어떤 시간에 고정적으로 공부를 하는 것으로 습관을 기르면 나중에는 누가 알려주거나 재촉하지 않아도 그 시간이 되면 스스로 공부를 할 수 있어요.

심리학 박사님과 이야기 나누기

공부 목표가 그다지 명확하지 않을 때, 공부에 대한 깨달음·자제력·지속력과 같은 의지가 약할 때, 이해하는 속도가 다소 느리거나 공부의 난도가 높아질 때 공부 효율이 떨어지는 경험을 해 본 적 있나요? 만약 있었다면 조심해야 해요. 이것들은 이후의 공부에 꽤 큰 영향을 끼치고 악순환이 되어 오랫동안 성공을 경험하지 못하게 만들어요. 그 상태로 오랜 시간이 흐르면 공부에 대한 자신감을 잃고 공부 생활 전체가 실패할 수 있어요.

사실 우리는 몇 가지 측면에서 스스로 공부하는 힘을 기르고, 아무 생각 없이 공부하는 것을 피할 수 있어요.

첫 번째로는 이성적 측면이에요. 우리는 명확하게 정리되는 목표가 필요해요. 이 목표는 구체적이면 구체적일수록 좋아요. 상상해 봐요. 10년 뒤 내가 어느 도시에 살고, 어떤 직업을 가지고, 어떤 동료와 일할지 말이에요.

두 번째로는 감정적 측면이에요. 정서적 충동을 이용하는 법을 배워야 해요. 예를 들어 마감 시간을 정해 다급한 마음을 강화하는 거예요. '오늘 윗몸일으키기 50개 해야지'를 '오늘 저녁 8시까지 윗몸일으키기 50개 해야지'로 바꾸는 거예요.

세 번째로는 상황적 측면이에요. 환경으로 극복할 수 있는 것을 의지로 막지 않아야 해요. 집에서 자신을 압박해 공부하는 것보단 도서관에 가서 공부하는 것이 나아요. 환경을 바꾸는 것이 자신에게 억지로 강요하기보다 훨씬 쉬운 것이죠.

 공부 방법을 익혀요

시간과 노력을 들였지만 예상한 성적이 나오지 않으면 확실히 적극성이 떨어져요. 사실 이런 일은 자주 나타나죠. 공부는 정말 열심히 하는데 성적이 올라가지 않는다면? 이럴 때, 우리는 자신의 공부 방법이 잘못된 것은 아닌지 생각해 볼 필요가 있어요. 자신에게 맞는 공부 방법을 익히고 열심히 노력한다면 아주 쉽게 성공할 수 있을 것이고 공부에 대한 적극성을 계속 유지할 수 있을 거예요.

공부 방법을 익힐 때 생길 수 있는 마음 (mentality)

다른 공부 방법이 어딨어?

내가 노력이 부족해서 그래. 방법이랑은 상관없어.

내가 너무 머리가 나빠서 아무리 노력하고 좋은 방법을 써도 안 될까 봐 무서워.

다른 사람의 방법을 따라 한다고 꼭 성공할지는 알 수 없어. 다른 사람의 방법을 참고한다고? 아무래도 아닌 것 같아.

심리분석 & 힌트

1. 다른 사람보다 머리가 나빠서 그런 게 아니에요. 잠깐 뒤처지는 건 방법의 문제일 뿐이에요.

2. 정확한 방법을 사용하면 효율을 올릴 수 있고 더 쉽게 성공할 수 있어요.

3. 다른 사람의 방법을 보고 배워도 좋아요.

4. 노력과 시간을 들였는데도 발전이 없다면 방법이 잘못된 것은 아닌지 곰곰이 생각해 봐야 해요.

연습 & 설명

1 때로는 방법이 노력보다 더 중요해요.

성공은 '노력+방법'의 결과물이야.
둘 중 무엇도 부족해선 안 돼.

목표를 이루기 위해서 노력하는 것은 당연히 매우 중요하지만 때로는 방법이 노력보다 더 중요해요. 노력하지 않으면 성공하기가 매우 힘든 것처럼 올바른 방법 없이 성공하는 것 역시 매우 힘들어요. 성공은 대부분 '노력+방법'의 결과물이에요. 그래서 노력을 했는데도 발전이 없고 적극성이 떨어질 때는 방법부터 바꿔봐야 해요.

2 자신의 경험을 돌아봐요.

실패한 경험은 정확한 방법을
찾는 데 도움이 돼.

어떻게 정확한 공부 방법을 익힐까요? 가장 직접적인 방법은 당연히 자신의 경험을 돌아보는 것이에요. 실패한 경험은 정확한 방법을 찾는 데 도움이 돼요. 그리고 자기 자신에게서 찾은 방법이 자신에게 더 잘 맞고 공부하는 데에도 더 큰 도움이 돼요. 다만 방법을 찾는 데에 시간이 조금 오래 걸릴 수 있어요.

3 다른 사람의 방법을 참고해요.

어려움, 의문이 생기면 다른 사람의 방법을 배우고 참고해야 해! 마음속으로만 담아두면 안 돼. 그러면 자신감과 적극성을 떨어뜨릴 거야.

다른 사람의 방법을 참고하는 것은 빠르게 공부 방법을 익히는 또 다른 방법이에요. 때로 우리는 스스로 정확한 방법을 찾아내지 못하고 벽에 가로막힐 수도 있어요. 하지만 성적이 좋은 친구에게 도움을 요청하고 그 친구의 공부 방법을 배우고 참고하면 금방 효과를 볼 수도 있어요.

심리학 박사님과 이야기 나누기

좋은 공부 방법은 여러 가지가 있어요. 아래의 몇 가지 방법을 사용해 보아요.
먼저 알맞은 분위기를 만들어요. 편한 공부 분위기를 만들고 자신의 감정을 잘 조절하면 뇌의 기억력 효율을 높이는 데 도움이 돼요. 그래서 공부하기 전에 자기 자신에게 '공부는 편한 일이야', '오늘 과목은 아주 쉬워'라고 말해 줘야 해요. 적극적인 심리 상태로 공부하면 적은 노력으로 큰 효과를 볼 수 있어요.
다음으로, 음악을 이용해요. 음악은 대뇌에 α파장(편안하고 공부의 효율을 높이는 데 가장 도움 되는 파장)을 흐르게 할 수 있는 효과적인 방법이에요. 특정한 박자는 우리를 편안하게 해 줘요. 예를 들면 바로크풍의 음악 작품이 좋아요.
세 번째, 합리적인 목표를 정하는 거예요. 합리적이고 적당한 목표를 정하는 것은 공부하는 과정을 질서 있게 만드는 데 도움 돼요. 오늘 뭘 해야 하는지 알고 내일 뭘 해야 하는지 알면 시간을 낭비하지 않을 수 있어요. 순서대로 하나씩 해 나아가다 보면 두꺼운 교과서에 대한 걱정을 극복할 수 있을 거예요.
마지막으로, 자신의 장점을 이해해야 해요. 사람들은 각자 특정한 감각으로 세상을 느끼는 버릇이 있어요. 어떤 사람은 눈으로 세상을 통찰하고, 어떤 사람은 귀로 세상을 들어요. 이런 장점을 활용한 각각의 공부 방법이 있어요. 예를 들어 어떤 친구는 책상에 엎드려서 수업을 듣는 것을 좋아해요. 마치 수업에 관심이 없는 것처럼 보이지만 성적은 좋아요. 사실 그 친구는 자신의 청각으로 공부하고 있는 거예요. 그런 친구들은 소리와 관련된 정보를 더 잘 기억해요. 특히 어떤 내용에 대해 아직 깊게 이해하지 못했을 때 기억하는 것도 대부분 소리예요. 종합해 보면 우리는 자신의 장점이나 시각, 청각, 제스처 등 서로 다른 감각을 조절해서 이를 활용한 공부 방법을 선택할 수 있어요.

독서하는 습관을 길러요

부모님은 종종 우리가 스마트폰만 가지고 놀 뿐 독서 습관은 기르지 않는다고 꾸짖어요. 우리는 부모님의 말씀을 별로 신경 쓰지 않을 수도 있어요. 심지어 독서도 그저 하나의 취미일 뿐이고 스마트폰을 가지고 노는 것과 별 차이가 없다고 생각할 수도 있어요. 우리의 성적이 독서 습관이 있는 친구보다 좋다면 독서 습관이 있든 없든 상관없다고 생각할 거예요.

사실 독서 습관은 아주 좋은 거예요. 이런 습관이 있는 것과 없는 것은 당장은 그 차이가 보이지 않아요. 하지만 장기적으로 보면 독서 습관은 학습 능력을 높여 주고 사고방식을 바꿔 줘요. 책을 많이 읽는 것은 여행을 많이 다니는 것과 같아서 우리의 시야를 넓힐 수 있고 문제를 다양한 측면에서 바라볼 수 있게 해 줘요.

mentality
독서 습관을 길러야 할 때 생길 수 있는 마음

| 교과서가 아닌 책을 그렇게 많이 읽으면 공부에 영향을 줄 거야. | 시간 없어. 공부해야 할 것도 많은데 독서할 시간이 있겠어? | 독서 습관이 있는 것과 없는 것에 큰 차이가 있을까? 독서 습관이 있는 친구보다 내 시험 점수가 더 높았는데. | 나는 아주 많은 책을 읽었지만 별 소용이 없는 것 같다. 앞으로는 책을 읽지 않을래. 시간 낭비야. |

심리분석 & 힌트

1. 독서는 우리에게 아주 많은 즐거움을 줘요.

2. 교과서가 아닌 책들 속에서 인생의 이치를 깨달을 수 있고, 문제를 해결하는 방법을 배울 수 있어요.

3. 독서를 좋아하면 상상력이 풍부해지고 문제에 대해 더욱 적극적으로 사고할 수 있어요.

연습 & 설명

1 독서는 우리 마음을 조절하고 편안하게 해 주는 역할을 해요.

꼭 책 속에서 뭔가를 배우고 얻을 필요는 없어.

독서는 다른 일들과 좀 달라요. 독서는 조용하고 내향적인 행동이에요. 책을 읽을 때의 조용히 생각하는 시간은 자신과 자신이 대화하는 것과 같아요. 독서는 우리 마음을 조절하고 편안하게 해 주는 역할을 해요. 꼭 책 속에서 뭔가를 배워야 하는 것은 아니에요.

2 이성적인 사고를 배워요.

독서를 통해 지식도 얻을 수 있고 만족감도 느낄 수 있어.

정말 신기하게도 독서를 좋아하는 대다수의 친구는 더 쉽게 감성적으로 느끼고 이성적으로 사고할 수 있어요. 독서를 통해 우리는 지식도 얻을 수 있고 만족감도 느낄 수 있어요. 또한 더 강한 학습 능력을 얻을 수 있어요.

3 독서는 우리를 적극적인 사람으로 만들어요.

시야가 더 넓어지고 문제에 대해서도 더 적극적으로 생각하게 돼.

독서를 통해 우리는 더 넓은 시야를 가질 수 있고, 더 적극적으로 어려움에 맞서고 문제에 대해 생각할 수 있어요. 당연히 이런 영향은 자신도 모르게 서서히 받는 거예요. 이는 장기적으로 만들어지고 쌓이는 것이기 때문에 꼭 독서 습관을 길러야 해요.

4 독서할 시간이 없다고 느껴지면 어떻게 해야 할까요?

사실 독서 습관을 기르기 위해서는 짧은 시간, 남는 시간만 활용해도 충분해.

잠들기 전이나 무언가를 기다리는 시간과 같이 매일 짧은 시간, 남는 시간을 활용해 책 읽는 것만으로도 충분히 좋은 독서 습관을 기를 수 있어요. 물론 처음부터 독서 계획을 세우고 그 계획대로 하는 것이 가장 좋아요. 가장 중요한 건 꾸준히 하는 것, 독서를 생활의 일부로 만드는 거예요.

 심리학 박사님과 이야기 나누기

집에 남는 돈이 있을 때 은행에 저금하는 것처럼 독서도 저축할 수 있어요. 독서 통장을 만드는 거예요.
독서 통장에 책을 읽어 나가는 과정을 기록하면 독서에 대한 흥미가 생기고, 좋은 독서 습관이 생기며, 만족감과 자부심을 느낄 수 있어요.
우선 독서를 시작할 때는 너무 두꺼운 책보다는 자신이 흥미를 느끼는 책을 골라야 해요. 그래야 비교적 편하고 재미있게 읽을 수 있어요. 이제 작은 목표를 세워요. 예를 들면 매일 30분씩 책을 읽는 거예요. 중요한 것은 꾸준함이에요. 매일 30분씩 독서를 하면 일주일이면 3시간이 넘어요. 그렇게 앞으로 점점 늘려 가면 돼요.
독서 통장을 사용하는 것은 좋은 재무관리 교육이기도 해요. 저축하는 것이 돈이 아닌 독서 시간이긴 하지만요. 독서를 통해 지식 습득과 더불어 시야를 넓힐 수 있으니 독서 통장 속 시간도 재산이라고 할 수 있어요. 이런 정신적인 재산은 돈보다 더 가치 있고 의미 있답니다.

다른 사람에게 조언을 구해요

공부할 때나 생활할 때 언제든 어려운 일이 생길 수 있어요. 이를 제때 해결하지 못한다면 적극성도 줄어들 수 있어요. 그중 어떤 문제들은 우리에게는 큰 문제이지만 부모님이나 다른 친구들에게는 작은 문제일 수 있어요. 그래서 다른 사람에게 조언을 구하는 것도 좋은 습관이에요. 다른 사람에게 조언을 구하는 것은 다른 사람에게 의존하는 것과는 다른 거예요. 공부할 때 적극성을 유지하기 위해서 다른 사람에게 조언을 구하는 습관을 길러야 해요. 우리는 늘 겸손해야 하고, 인간관계 능력과 표현 능력을 키워야 하며, 다른 사람에게 조언을 구하는 일을 부끄러워하지 말아야 해요.

다른 사람에게 조언을 구할 때 생길 수 있는 마음
mentality

나는 그렇게 생각하지 않아. 끝까지 나 스스로 정답을 찾을 거야.

다른 사람에게 조언을 구하면 내가 그 일을 못 한다는 것이 알려질 텐데, 너무 창피해.

이 일을 할 줄 모르면 안 하면 그만이야. 다른 사람에게 조언을 구할 필요는 없어.

심리분석 & 힌트

1. 모르면 물어봐요! 아무 상관 없어요.

2. 다른 사람에게 조언을 구하는 것은 별거 아니에요. 우리도 다른 친구가 못하는 일을 할 수 있잖아요?

3. 서로에게 배울 점을 배워서 장점은 살리고 단점은 보완하는 것이 좋아요.

4. 자신이 해결할 수 없는 문제로부터 도망치지 말고 다른 사람에게 조언을 구하는 것이 좋아요.

연습 & 설명

1 모든 사람이 우리의 선생님이 될 수 있어요.

우리는 모두 각자의 장점이 있어.

모든 친구가 우리의 선생님이 될 수 있어요. 마찬가지로 우리도 다른 친구들의 선생님이 될 수 있어요. 모든 사람은 저마다 장점이 있어요. 친구들과 함께 서로의 장점은 살리고 단점은 보완하며 서로 배워 봐요. 그러면서 어떤 문제가 생겼을 때 서로 조언하며 해결해 봐요.

2 다른 사람에게 조언을 구하면 더욱 적극적으로 교류할 수 있어요.

내가 모르는 것, 내가 못 하는 것이 무엇인지 친구들에게 알려질까 봐 두려워하지 않아도 돼.

때때로 우리는 자신이 모르는 것, 못하는 것을 말하기를 창피해해요. 사실 다른 사람에게 조언을 구하는 것은 창피한 일이 아니에요. 다른 사람에게 조언을 잘 구하면 제때 어려움을 해결할 수 있고 그들과 더욱 적극적으로 교류할 수 있어요.

3 내게는 '큰 문제'이지만, 다른 사람에게는 '작은 문제'예요.

내가 아무리 생각해도 해결할 수 없는 것을 어쩌면 친구는 단번에 해결할 수 있을지도 몰라.

우리가 아무리 생각해도 해결할 수 없었던 문제를 친구는 단번에 해결해 버렸어요. 왜냐하면 그 친구는 이전에 같은 경험을 한 적이 있어서 문제 해결 방법을 알고 있었기 때문이에요. 확실히 다른 사람에게 조언을 구하면 문제를 빨리 해결할 수 있어요.

4 다른 사람이 우리에게 조언을 구했을 때.

서로 도와서 좋은 공부 분위기를 만들어야 해.

어떤 친구가 우리에게 조언을 구한다면 우리도 당연히 도움을 줘야 해요. 이렇게 하면 서로의 공부를 도와주는 좋은 분위기가 만들어지고 적극적인 무리 환경이 만들어져요.

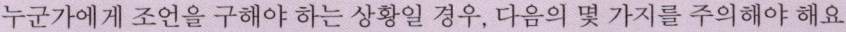

심리학 박사님과 이야기 나누기

누군가에게 조언을 구해야 하는 상황일 경우, 다음의 몇 가지를 주의해야 해요.
① 사람에 따라 다르다는 것을 알아야 해요. 당연히 사람마다 지식과 능력의 수준이 달라요. 예를 들어 수학을 싫어하는 친구에게 수학 잘하는 법에 관해 조언을 구한다면 상대방은 매우 난감할 거예요. 따라서 조언을 요청하기 전에 상대방에 대한 기본적인 이해가 필요해요.
② 말하는 방식을 주의해요. 우리가 다른 사람에게 조언을 구할 때 상대방을 몰아붙이면 질문에 대한 답을 얻을 수 없을 뿐만 아니라 오히려 미움을 받을 수 있어요. 최대한 상냥한 태도로 다른 사람에게 조언을 구해야 해요.
③ 자신을 낮추는 방법을 배워요. 상대방에게 조언을 구하고 싶다면 최대한 상대방을 선생님처럼 대해 줘야 해요. 자신을 낮추는 방법을 배워서 평화롭고 겸손한 태도로 상대방에게 조언을 구해요.
④ 열심히 경청하는 법을 배워요. 경청은 사람이 기본적으로 가져야 할 성품이자 배우고 익혀야 하는 예의이기도 해요. 그래서 다른 사람에게 충분한 시간을 주고 그 사람의 생각을 말하게 해야 해요. 비록 우리 마음속에 의혹이 있더라도 상대방이 말을 다 마친 뒤에 이야기를 꺼내야 해요.
⑤ 바로 피드백하는 법을 배워요. 피드백이란 상대방이 자신의 관점을 말했을 때 자신이 잘 이해하지 못하는 부분에 관해 이야기하고 토론하는 거예요. 공부에는 끝이 없기 때문에 다른 사람의 의견이 100% 정확하지 않을 수도 있어요.

 **식견을 길러요**

식견이란 무엇일까요? 간단하게 말해 식견은 '견문+지식'이에요. 이것은 우리의 독서, 경험, 생활환경과 아주 깊은 관련이 있어요. 우리는 왜 식견을 길러야 할까요? 이것이 적극성을 높이는 것과 무슨 관계가 있을까요?

둘은 분명 직접적인 관계가 있어요. 만약 우리가 많은 경험을 했다면 지식도 충분히 쌓였을 거예요. 수많은 어려움에 대해 침착하게 대처할 수 있고, 어떤 문제에 대해 훨씬 너그러운 태도를 보일 수 있고, 해결할 수 없는 문제에 무턱대고 매달리지도 않을 거예요. 다시 말해 우리가 공부할 때나 다른 사람들과 어울려 살아갈 때 더욱 자신감을 가질 수 있고 그렇게 쉽게 좌절하지도 않을 수 있는 것이죠.

mentality
식견을 기를 때 생길 수 있는 마음

어린아이가 그렇게 많은 식견이 있어서 뭐 해. 많은 일에 대해선 크면서 자연히 알게 될 거야.

생활하는 범위가 너무 좁은 것 같아. 학교 가서 수업을 듣는 것 아니면 집에 와서 숙제하는 것밖에 없잖아.

어떻게 해야 식견을 기를 수 있는지 모르겠어.

심리분석 & 힌트

1. 많은 책을 읽고 많은 곳에 가고 많은 사람을 만나고 많은 것을 알아야 해요.

2. 식견이 많아지면 사고방식도 달라지고 더욱 적극적인 사람이 될 거예요.

3. 열심히 주의를 기울이면 우리 주변에는 식견을 기를 기회가 아주 많아요.

4. 좀 더 많이 알고 이해하는 것은 쓸모가 있든 없든 결국은 좋은 일이에요.

연습 & 설명

1 아는 것이 많을수록 더 많이 알고 싶은 마음이 생겨요.

우물 안 개구리가 될 수는 없어!

아는 것이 적으면 쉽게 만족하지만, 아는 것이 많으면 더 많이 알고 싶은 마음이 생겨요. 우물 안 개구리 이야기를 들어 보았을 거예요. 개구리가 우물 안에 살면서 바깥세상을 한 번도 보지 못해 자신이 사는 곳이 세계의 전부라고 생각하는 거예요. 식견이 부족하면 쉽게 만족하고 자만하게 마련이죠.

2 책을 읽으면 식견을 기를 수 있어요.

책 속 세계와 현실 세계는 서로 보완해 줄 수 있어.

책을 읽는 것은 식견을 기르는 가장 좋은 방법 중 하나예요. 책 속 세계와 현실 세계는 서로 보완해 줄 수 있고 우리의 지식 구조와 인식을 충실하게 만들어요.

3 친구를 사귀면 식견을 기를 수 있어요.

꼭 모임에 참가해서 식견을 길러야 해.

친구는 책에 비유할 수 있어요. 모든 친구는 각각 하나의 서로 다른 세계와 같아요. 우리가 모임에 참가하는 것은 사실 어떤 새로운 세계를 알게 되는 것과 같아요. 게다가 우리는 친구들과 함께 갖가지 겪어 보지 못한 일을 경험하고 생활의 풍부함과 다채로움을 느낄 수 있어요.

4 언제나 공부할 수 있는 준비와 습관이 필요해요.

생활을 여행이라고 생각하면
언제나 식견을 기를 수 있어요.

가능하다면 더 많은 곳을 가보는 것이 좋지만, 그럴 기회가 많지 않다면 우리의 생활을 여행이라고 생각해 봐요. 예를 들어 박물관에 가면 그곳에서 어떤 지식과 역사적인 이야기를 배울 수 있어요. 축구 경기를 보러 가면 축구 경기 규칙을 배울 수 있고요. 친구 집에 놀러 가면 그 기회에 손님 예절에 대해서 배울 수 있어요.

심리학 박사님과 이야기 나누기

책은 우리를 발전시키는 하나하나의 계단이에요. 많은 학생이 독서를 쓸데없는 거라고 생각해요. 책을 읽어도 아무런 감정을 느끼지 못하고 시간이 지나면 내용도 잊어버리기 때문이에요. 그래서 시간을 들여 책을 읽느니 차라리 게임을 하거나 영화를 보는 것이 낫다고 생각해요. 하지만 책을 읽는 것은 천천히 식견을 기르고 시야를 넓히는 과정이 분명해요. 죽을 때까지 끊임없이 배워야만 진정으로 책 읽기의 긍정적인 작용을 체험할 수 있어요.

만 권의 책을 읽는 것보다 만 리의 길을 가는 것이 낫다는 옛말이 있어요. 책 속에서 수많은 사물을 볼 수 있지만 직접 체험해야만 진정으로 우리의 경험과 식견이 되기 때문이에요. 이외에도 우리는 경험이 풍부한 사람과 친구가 될 수 있어요. 경험이 풍부한 친구와 자주 교류하면 시간이 지난 뒤 그 친구의 영향을 받아 식견, 경험, 시야가 모두 천천히 확대될 거예요.

마지막으로 우리는 학교와 집이라는 무대를 통해서 수많은 선생님과 선배 전문가에게 배울 수 있어요. 잘 알지 못하는 어떤 일이 생겼을 때 많이 질문하고 배우면 우리의 식견과 시야는 서서히 풍부해질 거예요.

제5장
성격 만들기 편

★ **저에겐 꿈이 있어요.**

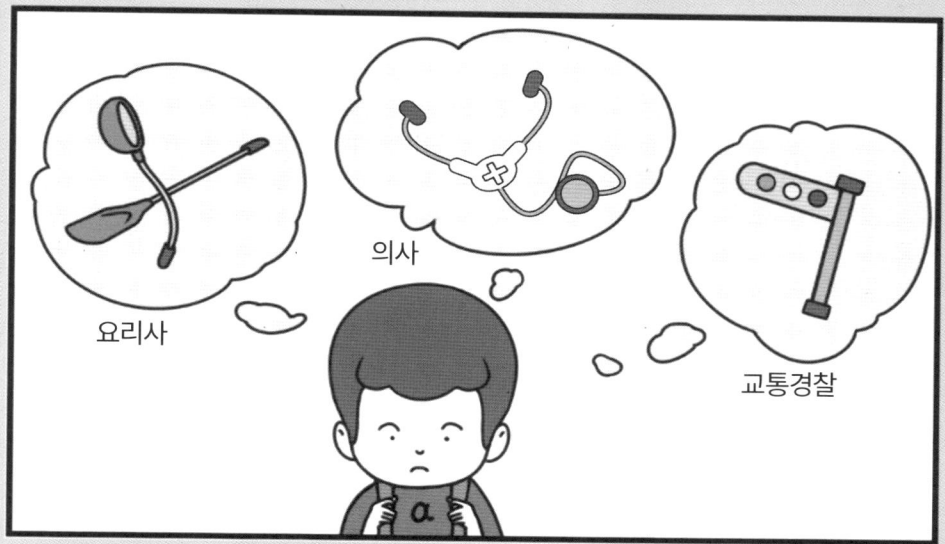

아빠는 제게 꿈이 크든 작든 모두 존중해야 한다고 말씀하셨어요.

중요한 것은 주변의 작은 일부터 시작해서 한 걸음씩 꿈을 위해 노력하는 거예요.

자율적인 성격을 기르면 우리는 더욱 적극적이고 즐겁게 공부하고 생활할 수 있어요. 우리 함께 다음 상황을 살펴봐요.

자율적인 성격

자율적인 성격을 기르면 적극성을 발휘하거나 스스로 공부하고 생활하는 데 도움 돼요. 자율적인 성격이란 흥미나 취미, 상상력에 제한이 없고 독립적이고 자주적인 마음과 능력을 말해요. 예를 들어 미술을 좋아하면 미술학원에 다니고 싶은 마음이 생겨요. 하지만 부모님이 우리 생각에 동의하지 않고 우리를 억지로 피아노 학원에 보낸다면 우리는 자신에게 선택의 자유가 없다고 느끼고 적극성을 잃어버릴 거예요. 이럴 때 우리는 부모님과 상의하는 법을 배워야 해요. 자율적인 성격을 길러 어른들과 대등한 관계를 만들 수 있어야 해요.

자율적인 성격을 기를 때 생길 수 있는 마음 (mentality)

심리분석 & 힌트

1. 자신의 의견이 있다면 말해야 해요. 그렇지 않으면 다른 사람은 알 수 없어요.

2. 정말 싫어하는 일을 억지로 한다면 그 결과도 좋지 않을 거예요.

3. 배우든 안 배우든, 하든 안 하든 사실 자기 의견이 가장 중요해요.

연습 & 설명

1 자율적인 성격이 창조하는 힘을 만들어요.

자율적인 성격을 가진 사람은 일을 더 빠르고, 훌륭하게 완성할 수 있어!

자율적인 성격을 가진 사람은 공부할 때나 생활할 때 스스로 하려는 마음이 더 강하고 적극성도 더 높아요. 이는 창조하는 힘을 더 크게 불러일으켜요. 이런 사람들은 어떤 일을 단순히 '완성'하는 것이 아니라 '훌륭하게 완성'하거나 '매우 빠르게 완성'한답니다.

2 자율적인 성격은 자기 맘대로 하는 것이나 산만한 것이 아니에요.

우리는 자기 생각을 용감하게 표현할 수 있어야 해. 그렇다고 자기가 하고 싶은 대로 아무렇게나 해도 되는 것은 아니야.

우리와 같은 성장기에는 자율적인 성격에 대해 오해하기 쉬워요. 자율적인 성격이 자기가 하고 싶은 대로 아무렇게나 하는 거라고 생각하는 것이죠. 사실 자율성은 자기 맘대로 하는 것이나 산만한 것, 규칙을 어기는 것이 아니에요. 자신의 진심에 따라 행동하고 자신을 잘 표현하고 자기 생각이나 필요한 것을 용감하게 말하는 거예요.

3 어른들과 대등한 관계를 만들어요.

우선 어떤 일을 완벽하게 내 의지대로 해 보는 거야. 예를 들면, 어떤 학원에 다닐지 결정하는 거지.

자율성을 기르는 것은 우리의 독립성 및 자주성과 매우 큰 관계가 있어요. 어떻게 해야 더욱 독립적이고 자주적인 사람이 될 수 있을까요? 우리는 어른들과 대등한 관계를 만들어야 해요. 아주 어릴 때는 부모님이 우리 대신 선택해 주었지만 이제 우리는 부모님과 함께 상의할 수 있어요. 부모님의 경험과 능력은 믿을 만한 가치가 있지만, 부모님께 여러 일에 대한 우리의 진짜 생각을 알려 드려야 해요.

심리학 박사님과 이야기 나누기

성격이라는 단어는 가장 처음 라틴어 'Persona(페르소나)'에서 유래했어요. 처음에는 배우들이 쓰는 가면을 가리키는 말이었는데 나중에는 배우를 뜻하는 말이 되었어요. 성격은 인격이라고도 부르는데, 이는 한 사람의 독특하고 안정적이며 본질적인 심리적 경향과 특징을 종합한 말이에요. 간단하게 말해 성격은 바로 우리 정신의 전체적인 모습이죠.

심리학에서의 성격이라는 개념은 일상생활 속에서 말하는 '성격'과 달라요. 일상생활에서 우리는 종종 고집이 세고 솔직하고 융통성 없는 사람을 성격이 있다고 표현하고, 우아하고 평화롭고 연약한 사람을 성격이 없다고 표현해요. 이런 표현은 잘못된 것이에요. 적어도 전부 옳지는 않아요. 모든 사람에게는 심리적 특징이 있어요. 이런 의미에서 본다면 세상에 성격이 없는 사람은 없어요. 성격은 우리의 활동, 생활에 직접적인 영향을 끼치고, 우리의 운명과 앞날에는 더욱 직접적인 작용을 하죠.

성격 연구는 곧 사람을 연구하는 거예요. 우리는 모두 성격이 있고, 우리의 성격은 모두 각각 달라요. 평소 인간관계를 하다 보면 행동이나 웃는 모습, 목소리가 쉽게 잊히지 않는 사람도 있지만, 사람들에게 아무런 인상을 남기지 못하는 사람도 있어요. 한 번밖에 만나지 못했지만 다른 사람에게 오랜 기억을 남기는 사람도 있고, 오래 알고 지내도 시간이 지나면 다른 사람의 마음속에 아무것도 남기지 못하는 사람도 있어요. 이런 현상은 사람들의 성격이 작용하기 때문이랍니다.

 ## 선택하는 법을 배워요

우리가 무엇을 필요로 하고 좋아하는지 부모님을 포함한 어른들은 완전히 이해하지 못할 수도 있어요. 그래서 그들이 우리를 위해 하는 선택은 우리가 바라는 것과 다를 수 있어요. 자신을 가장 잘 이해하는 사람은 바로 자기 자신이에요. 자신을 위한 선택을 하는 것은 자신에 대한 책임을 지는 거예요.

선택하는 법을 배우면 더욱 자율적으로 공부할 수 있고, 적극성도 생겨날 수 있어요. 확실히 자신을 위한 선택을 할 줄 아는 사람은 부모님이 시키는 대로만 행동하지 않고 스스로 결정하려 하죠.

선택하는 법을 배울 때 생길 수 있는 마음 (mentality)

나는 아직 어려. 부모님이 나 대신 선택해 주면 좋겠어.

내 선택에 자신이 없어. 후회할까 봐 두려워!

난 결정을 내릴 때 항상 머뭇거리다 결국은 도와줄 사람을 찾게 돼.

심리분석 & 힌트

1. 우리도 컸으니 자신을 위한 선택을 할 줄 알아야 해요.

2. 자신이 정말 무엇을 좋아하는지는 자기 자신만 알 수 있어요.

3. 자신에게 어울리는 것이 가장 좋은 선택이에요.

연습 & 설명

1 자신에 대한 책임을 져요.

자신을 위한 선택을 하고 선택에 대한 책임을 져야 해.

선택하는 법을 배우는 목적은 바로 자신에 대한 책임을 지기 위해서예요. 우리가 자신에 대한 책임을 질 수 있고 스스로 선택할 수 있다면, 적극성도 불러일으킬 수 있어요. 예를 들어 이왕 학급 임원 선거에 나가기로 했다면 선거에 대한 모든 준비를 열심히 해야 하는 거죠.

2 먼저 자신을 이해해야 해요.

자신을 이해해야 가장 좋은 선택을 할 수 있어!

선택은 하나의 능력이에요. 어떻게 해야 선택하는 능력을 키울 수 있을까요? 가장 중요한 것은 자신을 이해하고, 자신의 흥미, 취미에 대해 알고, 자신의 실력, 시간, 힘 등의 정확한 상황을 이해해야 해요. 자신의 이모저모에 대해 이해해야 이를 종합해 가장 좋은 선택을 할 수 있어요.

3 자신의 직감을 믿어요.

어떻게 해야 할지 모를 때는 직감을 믿어보자.

뭔가를 선택할 때 망설여지고 어떻게 해야 할지 모를 수도 있어요. 이때는 그래도 우리의 직감을 믿으라고 말하고 싶어요. 직감은 무엇일까요? 바로 결정하려고 할 때 가장 먼저 드는 느낌이에요. 예를 들어 사과와 오렌지 중 하나를 선택할 때 처음에 오렌지를 먹는 것이 더 좋겠다는 생각이 딱 들었다면 오렌지를 선택하는 거예요.

저울질하는 것을 어려워하고, 과감하게 결정을 내리지 못하는 이유는 너무 많은 것에 대해 고민하기 때문이에요. 우리는 잘못된 선택을 하고 실패할까 봐, 수많은 것을 쏟아부었지만 얻는 것이 없을까 봐 두려워서 종종 안절부절못해요. 하지만 발전 심리학의 측면에서 말하면 자율적으로 선택하는 법을 배우는 것은 사실 모두가 성장 과정에서 반드시 거쳐야 하는 과정이에요.

영아기의 아이는 독립적인 자아의식이 없어요. 자신과 엄마를 하나라고 생각하죠. 그래서 선택할 수 없어요. 하지만 우리는 이미 확실하게 '나'의 존재가 다른 사람과 다르다는 것을 알고 있어요. 그래서 '반대'를 하는 경우가 갈수록 많아지죠. 살면서 계속 다른 사람의 명령만 따르고 싶은 사람은 아무도 없어요. 우리는 다른 사람의 부속품이 아니에요. 설령 부모님이라고 해도 우리가 그분들의 부속품이 되는 것은 잘못된 일이에요.

늘 자율적인 선택을 하지 못하는 사람은 자아 기능이 점점 사라질 거예요. 자아 기능은 학습 능력, 다른 사람과 관계를 맺는 능력, 밥을 먹는 능력 등이에요. 한 사람이 성장하는 과정에서 선택은 매우 중요해요. 우리는 선택을 하지 않는 때가 없어요. 선택하는 능력을 잃었다면 성장하는 능력을 잃은 것과 같아요. 이런 말이 있어요.

'마트에서 딸기잼을 고를지 사과잼을 고를지 선택하지 못하는 아이는 커서도 어떤 직업을 고를지 어떤 배우자를 만날지 선택하지 못할지도 모른다.'

심리학 박사님과 이야기 나누기

 ## 자신만의 취미를 만들어요

자신만의 취미가 있나요? 취미가 우리에게 끼치는 영향과 작용은 말할 수 없이 많아요. 위대한 과학자 아인슈타인도 말했어요.
"취미는 가장 좋은 선생님이다. 진정으로 가치 있는 것은 책임감 속에서가 아니라 객관적인 사물에 대한 사랑과 열정 속에서 생긴다."
이 말은 취미가 있으면 공부도 더 이상은 힘든 일이 아니라는 의미예요. 취미는 공부를 하나의 습관으로 만들 수 있고, 이 습관은 우리의 정서적 필요를 채워줄 수 있고 우리를 발전시킬 수 있어요. 자신이 좋아하는 일은 부모님이 재촉하거나 잔소리할 필요가 없고 자신도 쉽게 집중할 수 있으니까요.

자신만의 취미를 만들 때 생길 수 있는 마음 (mentality)

시험에서 높은 점수만 받으면 돼. 나는 딱히 취미가 필요하지 않아.

다 좋아하는 것 같기도 하고 다 싫어하는 것 같기도 해.

나는 컴퓨터 게임을 좋아하는데 이걸 취미라고 말할 수 있을까? 왠지 그렇게 말하면 창피할 것 같아.

취미가 너무 많아. 하지만 공부하고 발전하기에도 시간이 부족해.

심리분석 & 힌트

1. 자신만의 취미가 없다면 생활은 너무 지루할 거예요.

2. 누구나 자신만의 취미를 찾을 수 있어요.

3. 컴퓨터 게임을 좋아하는 것도 취미라고 할 수 있어요. 시간 분배만 잘하면 돼요.

4. 취미에 시간을 쓰지 않는다면 나중에는 그 취미를 더 이상 좋아하지 않게 될 거예요.

연습 & 설명

1 취미가 없으면 우리의 생활은 쉽게 소극적이고 수동적으로 변해요.

취미는 감정적으로 의지할 수 있는 대상이야.

자신만의 취미를 갖는 것은 그 취미에서 많은 성과를 얻기 위해서가 아니에요. 주된 목적은 취미를 우리가 살면서 '쉴 수 있는 곳, 보호막'으로 만들기 위해서죠. 취미가 없으면 감정적으로 의지할 곳도 없어요. 그래서 어떤 어려움이나 시련을 맞닥뜨렸을 때 생활은 쉽게 소극적이고 수동적으로 변해요.

2 취미는 가장 좋은 선생님이에요.

우리는 취미를 통해 공부할 수 있어.

우리는 취미를 통해 공부를 더 잘할 수 있어요. 왜냐하면 취미는 가장 좋은 선생님이기 때문이에요. 게다가 취미를 통해 공부하면 더욱 적극적으로, 주도적으로 할 수 있어요.

3 취미는 만들 수 있는 것이에요.

취미를 갖는 것은 언제 시작해도 늦지 않아!

지금 자신만의 취미가 없다고 해서 조급해할 필요는 없어요. 취미를 갖는 것은 언제 시작해도 늦지 않아요. 취미는 친구들과 놀면서 생길 수도 있고, 우리가 잘하거나 자신 있는 것에서 생길 수도 있어요.

4 시간을 계획하고 분배하는 문제.

취미를 잘 발전시키려면 공부와 취미의 관계를 조화롭게 만들어야 해.

취미가 취미인 이유는 우리가 그것에 많은 시간을 사용하길 원하기 때문이에요. 서로 다른 취미에 대해서는 시간도 각각 다르게 분배해야 해요. 첫 번째 이유는 취미가 지속되게 하기 위함이고, 두 번째 이유는 공부와 취미의 관계를 조화롭게 만들기 위해서예요.

심리학 박사님과 이야기 나누기

"저는 그 무엇에도 흥미를 느끼지 않아요. 흥미 자체가 없는 것 같아요. 어떻게 해야 할까요?"

이런 걱정에 지나치게 빠질 필요 없어요. 흥미를 느끼는 대상이 정확하지 않은 것이 꼭 흥미가 없다는 뜻은 아니니까요. 흥미는 서서히 기르고 발굴해 낼 수 있는 것이에요. 어떻게 해야 하냐면요!

먼저 깊은 호기심을 가져야 해요. 알지 못하는 것에 대해 적극적으로 접근하려고 시도해야 해요. 예를 들어 어떤 기계를 보았을 때 그 속에 숨겨진 작동 원리를 상상해 봐야 해요. 갖은 방법을 동원해 마음속에 생긴 의문에 대해 하나씩 답을 하다 보면 흥미가 생길 수 있어요.

두 번째, 스스로 공부해야 해요. 흥미는 사람의 인식, 감정과 밀접한 관계가 있어요. 우리가 어떤 사물에 대해 깊이 알수록 감정도 깊어지고 흥미도 깊어져요.

이외에 효과적인 인간관계도 매우 중요해요. 학교 동아리, 취미 활동 모임 등은 모두 뜻이 맞는 친구들에게 흥미를 찾을 수 있는 아주 좋은 무대와 조건을 만들어 줘요.

다만 주의할 점은, 흥미를 찾는 목적이 자신과 세상에 대해 더 많이 이해하고 앞으로의 발전을 돕기 위함이지, 우리를 흥미를 느끼는 영역 속에 제한시키려는 것이 아니라는 점이에요.

실패를 두려워하지 마요

성장기에 있는 친구들은 대부분 실수를 두려워하는 마음을 가지고 있어요. 때로 실수를 두려워하는 감정이 매우 강해서 도전하는 용기, 책임지는 용기조차 나지 않기도 해요. 사실 우리가 실수를 두려워하는 이유는 실수 자체가 아니라 실수에 뒤따르는 결과를 두려워하기 때문이에요. 이 문제에서 가장 중요한 점은 끊임없이 자기 자신을 격려하는 것이고 정서적, 심리적으로 회복하는 거예요. 세상에 그 어떤 일도 100% 완벽히 해낼 수 없어요. 다시 말해 누구든 실수를 할 수 있어요. 실수를 두려워하지 않는 사람이 되어야 해요.

실수를 두려워할 때 생길 수 있는 마음 (mentality)

- 실수할까 봐 너무 두려워. 실수하고 싶지 않아!
- 실수할 때마다 너무 큰 자책감이 들고 엄청 후회돼.
- 내가 실수를 하는 확률이 매우 높은 것 같아. 이 일은 하지 않는 것이 좋겠어. 하지 않으면 실수할 일도 없을 테니까.
- 100% 자신이 있는 게 아니라면 난 절대 하지 않을 거야.

심리분석 & 힌트

1. 실수하지 않는 사람은 없어요.

2. 실수를 좋은 경험으로 생각하고 고치면 돼요. 괜찮아요.

3. 작은 실수 하나 때문에 모든 일을 포기하지는 마요. 파이팅!

연습 & 설명

1 실수를 두려워하는 마음은 적극성에 심각한 영향을 끼쳐요.

실수를 두려워하는 마음은 이해할 수 있지만, 실수가 두려워서 일 자체를 하지 않는다면 얻는 것보다 잃는 게 더 많아.

실수를 두려워하면 이는 우리의 행동과 결심에 영향을 끼쳐요. 심리 상태는 한 번 영향을 받으면 능력 발휘가 생각대로 되지 않을 수 있고, 결과도 좋지 않을 수 있어요. 이런 반응은 연속적으로 나타나요.

2 전체적인 준비를 잘해 두면, 실패할 확률을 줄일 수 있어요.

준비를 많이 해 두면 성공에 대한 자신감을 높일 수 있어.

실수하고 싶은 사람은 없어요. 그렇다면 어떻게 해야 실수하지 않을까요? 가장 직접적인 방법은 당연히 전체적인 준비를 잘해 두는 것이에요. 행동하기 전에 준비를 잘해 두고 더 많이 이해해 두면 실수할 확률을 줄일 수 있어요.

3 보완할 방법을 준비해요.

최악의 결과가 나왔을 때 우리가 받아들일 수 있는지, 보완할 방법이 있는지 생각해 봐야 해.

실수하기 전에 보완할 방법을 미리 준비하는 것도 좋아요. 이는 우리 행동의 뒷받침이 되고 우리에게 자신감을 줄 수 있어요. 이를 통해 적극성을 높이고 뒷일에 대한 두려움을 줄일 수 있어요.

4 같은 실수를 하지 말아요.

실수해도 괜찮아. 하지만 늘 같은 실수를 반복해서는 안 돼.

실수는 적극성을 떨어뜨릴 수 있어요. 특히 같은 실수를 또 하면 적극성에 더 심각한 영향을 줄 수 있어요. 이런 상황을 피하려면 처음의 실수에서 경험을 쌓고 교훈을 얻어야 해요.

전 세계의 초등학생, 중학생 들이 모두 같은 시련을 겪고 있어요. 바로 공부에 대한 자신감이 점점 줄어드는 거예요. 조사에 따르면 학생 대부분은 자신이 한 번 실패한 일을 다시 하기 싫어한다고 해요. 일본 문부과학성은 2000년도에 실패 지식 활용 연구회라는 새로운 기구를 세우고 '실패학'을 만들었어요. 그들은 역경과 실패는 하나의 소중한 재산이고, 피할 수 없는 시련이 닥쳤을 때 평소 길러놓은 역경을 이기는 힘에 의지해야 한다고 말했어요.

역사적으로 큰 성과를 이룬 사람들은 모두 긴 실패의 세월을 겪었어요. 그들은 희망을 가득 품고 숨어서 노력하며 기다렸고, 결국 바라는 바를 이루었어요. 여기서 핵심은 우리가 실수한 뒤에 자신으로부터 원인을 찾는 법을 배워야 한다는 거예요. 이런 이야기가 있어요. 여우 한 마리가 울타리를 넘어가다가 미끄러졌는데 다행히도 떨어지기 전에 장미를 붙잡아서 크게 다치지 않았어요. 다만 장미 가시에 발을 찔려 피를 많이 흘렸어요. 여우는 장미를 원망하며 말했어요.

"정말 너무해. 나는 네게 도움을 요청했는데 왜 내게 상처를 내는 거야?"

장미는 말했어요.

"여우야, 그건 아니지. 내겐 원래부터 가시가 있어. 네가 잘못해서 나한테 찔린 거잖아."

어떤 일이 생겼을 때, 많은 친구가 이 여우처럼 먼저 다른 사람을 탓해요. 넘어진 진짜 원인이 자신이 조심하지 않아서라는 것을 생각하지 않고 말이에요.

실수해 보지 않으면 무엇이 맞는 것인지 알 수 없어요. 그러니 실수하는 것을 두려워할 게 아니라 그럴 기회를 놓치는 걸 두려워해야 해요.

심리학 박사님과 이야기 나누기

 ## 낙관적인 마음을 가져요

성장 과정에서 우리에겐 낙관적인 마음이 꼭 필요해요. 무엇이 낙관일까요? 낙관은 어떤 일이 생기든 즐겁고 이유 없이 기쁜 것이 아니라 언제라도 긍정적인 심리 상태를 유지할 수 있는 것을 말해요. 예를 들어 어떤 작은 갈등 때문에 친구와 다투고 결국 관계가 완전히 틀어졌을 때, 낙관적이지 않은 친구들은 감정적으로 좌절하며 오랜 시간 그 속에서 헤어나지 못한 채 먼저 나서서 친구를 사귀는 용기를 내지 못해요. 하지만 낙관적인 마음을 가진 친구들은 친구를 사귀는 적극성을 계속 유지할 수 있고 기대를 가득 품은 채 새로운 인간관계 활동을 시작할 수 있어요. 우리는 낙관적인 사람이 되어야 해요. 낙관적인 마음은 살면서 천천히 기르고 만들 수 있는 것이라고 믿어야 해요.

낙관적인 마음을 가지려고 할 때 생길 수 있는 마음
mentality

| 나에 대한 자신감이 없어. 많은 일을 다 잘 못할까 봐 두려워. | 이 일을 친구에게 맡기는 것은 마음이 놓이지 않아. 왜 그런지 모르겠지만 누구에게도 믿음을 갖지 못하겠어. | 안 좋은 결과가 생길 수도 있다고 생각하니까 하고 싶지 않아. | 성공할 확률이 매우 낮은 것 같아. 많은 일이 결국 다 실패하잖아. |

▼ ▼ ▼ ▼

심리분석 & 힌트

1. 일어날 법한 어려움과 결과에 대해 예측하는 것은 매우 중요해요. 하지만 너무 비관적으로 생각하면 안 돼요.

2. 낙관적으로 생각하지 않으면 적극적으로 생활하기가 힘들어요.

3. 정말 신기하게도 낙관적으로 생각하면 많은 일이 쉬워져요.

4. 낙관적인 사람에게 행운이 생긴다고 느낀 적 없나요?

연습 & 설명

1 모든 일을 좋은 쪽으로 생각해요.

모든 일을 좋은 쪽으로 생각해!

모든 일을 좋은 쪽으로 생각하라는 말은 낙관적이지 않은 사람에게는 격려의 말이 될 수 있어요. 우리는 공부할 때 끊임없이 자신에게 모든 일을 좋은 쪽으로 생각하라고 말해 줄 수 있어요.

2 무작정 낙관적이지는 않아야 해요.

이유 있는 낙관적인 마음을 가져야 해!

당연히 무작정 낙관적이어선 안 돼요. 어떤 문제나 어려움에 대해 머릿속으로 충분히 준비해야 하고 절대 이를 무시하거나 자만해서는 안 돼요. 해야 할 준비는 반드시 잘해야 해요. 그래야 이유 있는 낙관적인 마음을 가질 수 있어요.

3 낙관적인 마음을 가지면 더 빨리 성공할 수 있어요.

어른들이 사람마다 타고난 복이 있다고 말하는 게 진짜인 것 같아!

때로 우리는 낙관적인 친구가 항상 운도 좋은 것 같다고 생각해요. 어른들이 말하는, 사람마다 타고난 복이 있다는 게 사실일까요? 사실 삶이 낙관적인 사람을 돕는 것 같다고 느껴지는 이유는 낙관적인 마음이 우리를 더 빨리 성공할 수 있게 해 주기 때문이에요. 낙관은 우리에게 행동할 큰 힘을 줄 수 있어요.

4 자신감을 높여요.

알았다. 자신감이 낙관의 기초였어!

낙관적인 마음을 가지려면 자신감을 높이는 것이 가장 중요해요. 자신감이 없으면 낙관에 관해서 이야기할 수도, 진정으로 낙관적인 마음을 가질 수도 없어요.

 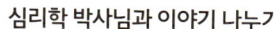
심리학 박사님과 이야기 나누기

낙관은 가장 긍정적인 성격 요소 중 하나예요. 낙관적인 사람은 아주 높은 절제력을 가지고 있어요. 상황이 얼마나 안 좋든 그들은 모든 부정적인 요소 속에서 긍정적인 부분을 찾아낼 수 있어요. 그 속에서 자신이 조절할 수 있는 부분을 찾고, 이를 통해 상황을 통제하며 역전시킬 수 있다고 믿는 거예요. 하지만 비관적인 사람은 종종 상황이 아직 그렇게까지 나쁘지 않은데도 모든 것이 자기 손을 떠났다고 생각하고 좌절해 다시는 일어나지 못하죠. 전기(田忌, 제나라의 장수)의 경마 이야기가 전형적인 일례예요. 제나라 시절에 왕과 전기의 말들이 경주를 하게 되었는데, 당시 왕이 가진 모든 등급의 말이 전기의 말보다 좋았기 때문에 결과는 불 보듯 뻔한 것이었어요. 이때 손빈(孫臏, 제나라의 군사 모략가)이 전기의 상등급 말을 왕의 중등급 말과, 전기의 중등급 말을 왕의 하등급 말과, 전기의 하등급 말을 왕의 상등급 말과 경기하게 하는 아이디어를 냈고, 결국 세 번의 경주에서 전기의 말이 2승을 거두었어요. 이 책략은 절대 엄청난 지혜로부터 나온 것이 아니에요. 1개를 내어 주고 2개를 취하는 방책이었지요.

심리학자들은 낙관주의자가 더 쉽게 성공할 수 있다고 말했어요. 그 이유는 무엇일까요? 낙관에는 암시하는 능력이 있는데, 이것이 우리의 행동과 결과를 바꿀 수 있기 때문이에요. 부끄러움이 많은 한 친구가 모임에 참석했을 때, 자기 자신에게 '나는 가장 훌륭한 사람이고, 이 모임을 헤쳐 나갈 수 있어'라고 암시한다면, 그 친구는 모임이 끝날 때까지 크게 긴장하지 않을 수 있어요.

낙관적인 사람일수록 적극적으로 행동하고, 어떤 어려움을 맞닥뜨렸을 때 자신에게 이를 극복, 해결할 수 있다고 암시해요. 반대로 비관주의자들은 어떤 어려움을 맞닥뜨렸을 때 자신에게 안 좋은 암시를 보내요. 자신은 아무것도 할 수 없고, 이 일을 해결할 수 없으며, 성공하기 어렵다고 말이에요!

38 과학을 사랑해요

성장기의 친구들에게 어떤 어려움이나 이해할 수 없는 일이 생기는 건 당연해요. 우리는 바로 이런 어려움과 호기심을 이용해 과학을 사랑하는 마음, 즉 과학 정신을 가질 수 있어요.

과학적인 방법은 우리가 수많은 문제를 해결하는 데 도움을 주고, 어려움을 두려워하지 않게 해줘요. 또한 과학 정신은 과학적인 공부 방법을 제공해요. 우리가 과학을 사랑하는 사람이 되어야 하는 이유가 여기 있어요. 과학 정신은 우리를 적극적으로 공부하고 생활하게 만든답니다.

과학을 사랑하려고 할 때 생길 수 있는 마음 (mentality)

내가 과학자가 될 것도 아닌데 과학을 사랑해서 뭐 해?

과학의 이치는 너무 복잡하고 심오해. 그렇게 많이 알고 싶지 않아.

모르는 것이나 어떤 어려움이 생겨도 왜 그런지 물어보고 싶지 않아. 피하면 그만이야.

심리분석 & 힌트

1. 우리는 어릴 때부터 적극적인 과학 정신을 가져야 해요.

2. 과학적인 방법은 많은 문제를 해결할 수 있고, 고난을 두려워하지 않게 해 줘요.

3. 자신과 일에 대해 명확하고 과학적인 인식을 하고 있어야 성공할 가능성이 높아요.

연습 & 설명

1 과학을 사랑하면 더 많이 알고 싶어져요.

과학 정신은 우리를 더 자신 있게 만들어 줘.

과학을 사랑하면 더 많이 알고 싶고, "왜?"라는 질문을 더 많이 하고 싶어져요. 대자연과 우리 주변에서 발생하는 일 대부분은 과학으로 설명할 수 있어요. 우리가 더 많이 알고 이해하면 자신감은 더 높아져요. 과학은 우리의 생활에서 매우 긍정적인 작용을 해요.

2 과학적인 방법으로 문제를 해결해요.

과학적인 방법을 사용하면
문제를 더 잘 해결할 수 있다는 사실을 알아?

과학적인 방법을 사용하면 문제를 더 잘 해결할 수 있어요. 그래서 어떤 어려움이 생겼을 때 과학적인 방법으로 대처하는 습관을 길러 일을 처리해야 해요. 이는 문제를 해결하는 적극성을 높여 줘요.

3 과학 정신을 길러요.

앞으로 어떤 문제가 생기면 무턱대고 행동하지 않을 거야!

과학 정신이 있으면 과학적으로 문제를 분석하는 습관을 기를 수 있어요. 어떤 문제가 생겼을 때 무턱대고 비이성적으로 행동하지 않고 빈틈없이, 이유와 근거를 가지고 행동할 수 있게 하지요. 이는 우리가 과학적인 공부 방법을 기르는 데도 큰 도움이 돼요.

심리학 박사님과 이야기 나누기

'지식은 곧 힘이다'라는 말이 있는데, 심리학적 측면에서 보면 '지식의 사용이 진정한 힘이다'라는 말이 더 올바른 표현이에요.
로버트 프랭크는 국제적으로 유명한 행위 경제학자예요. 그는 미국에서 가장 재밌는 경제학 수업을 하는 교수로 알려져 있어요. 그는 수업 시간에 학생들에게 신기한 과제를 내준다고 하는데요. 예를 들어 '왜 우유는 네모난 곽에 넣어 팔고, 콜라는 동그란 병에 넣어 팔까?'라는 질문에 로버트 프랭크는 그 이유를 이렇게 말했어요.
"콜라는 직접 용기에 입을 대고 마시는 것이기 때문에 손으로 잡기 쉬운 원기둥 모양의 용기를 사용한다. 우유는 냉장고에 넣어서 보관해야 하는데 냉장고 속 공간의 최적화를 위해 네모난 용기를 사용함으로써 냉장고 사용 효율을 높이는 것이다."
이것이 바로 과학적인 시각으로 문제를 바라보는 방법이에요.
영화 대작을 볼 때 혹은 재밌는 컴퓨터 게임을 할 때 과학이 바로 우리 주변에 있고, 과학이 우리의 생활을 바꿔 왔다는 사실을 느끼나요? 예를 들어 과학 기술의 발전으로 고속철도가 생겨서 사람들 간의 교류가 더욱 편해졌고, 같은 와트의 전기를 생산하는 데 필요했던 메탄의 양이 점점 줄면서 환경오염이 줄었고, 우리가 앉아 있는 학교에서 인터넷으로 모든 세계의 일을 알 수 있게 되었다는 사실 말이에요.
과학 기술의 발전으로 우리는 더 좋은, 더 편안한, 더 편리한 생활을 누리고 있어요. 그러므로 학교 교육을 바탕으로 과학 정신을 기르고 전면적으로 과학적 소양을 더 높여서 미래의 창조적 인재로 자라나야 해요.

39 스포츠 정신

평소에 단체 경기를 할 때 항상 매우 열심히 하고 즐거움을 느끼지 않나요? 이처럼 일상생활에서 생기는 어려움도 놀이라고 생각하고 적극적으로 대처하고 그것을 이겨 내기 위해 노력해야 해요. 왜냐하면 문제가 생겼을 때, 이것이 얼마나 어려운 일인지 알고 나면 우리의 적극성이 쉽게 무너지기 때문이에요. 이때 포기하거나 용감하게 맞설 수 있는데, 마치 놀이에 임하듯 그에 도전하는 건 용감하게 맞서는 방식 중 하나예요.

스포츠 정신을 기를 때 생길 수 있는 마음
mentality

- 이 일을 놀이처럼 생각하라고? 너무 진지하지 않은 것 같아.
- 잘 못하고 싫어하는 일이면 안 하면 되지 꼭 경기로 생각해 도전해야 하나? 그렇게 할 일이 없어?
- 난 이기고 싶지 지고 싶진 않아. 질 가능성이 있는 일은 별로 하고 싶지 않고.
- 규칙이 너무 많아. 나는 그렇게 규칙이 많은 것을 별로 좋아하지 않아. 적극적인 마음이 생기지 않을 거야.

심리분석 & 힌트

1. 스포츠 정신이 있으면 심리 상태가 매우 편해지고, 많은 일을 편하게 대처할 수 있어요.

2. 승패를 정확하게 바라보는 법을 배워요. 이기면 당연히 기쁘지만 져도 상관없어요.

3. 우리는 모두 규칙을 지킬 수 있어요. 공평하고 공정한 것이야말로 가장 긍정적인 의미가 있는 거예요.

연습 & 설명

1 도전을 기쁘게 받아들여요.

어려운 일이지만 놀이라고 생각하고 도전해 볼게.

스포츠 정신이 있으면 도전을 즐겁게 받아들일 수 있어요. 스포츠 정신을 통해 문제를 새로운 시각으로 바라볼 수 있어요. 어려운 일을 놀이라고 생각하고 도전할 수 있는 것이죠. 만약 도전에 성공하면 더 큰 성취감을 얻을 수 있어요.

2 이길 수도 있고 질 수도 있어요.

이기면 축하하면 되고, 져도 그렇게 실망할 필요는 없어!

스포츠 정신으로 보자면 이길 수도 있고 질 수도 있어요. 즉, 승패에 대해 긍정적인 마음을 가지는 거예요. 이런 마음을 가지면 어떤 결과든 담담하게 받아들일 수 있고, 더욱 긍정적인 마음을 가질 수 있어요.

3 규칙을 따르는 법을 배워요.

모두 규칙을 따라야 해. 아주 좋아!

스포츠 정신에서 가장 중요한 부분은 바로 규칙을 따르는 것이에요. 이것은 우리의 행동에 긍정적인 영향을 끼칠 수 있어요. 규칙이라는 제한이 있어야 어떤 일을 할 때 보호를 받을 수 있어요.

4 자신 없는 일을 시도해 보려는 마음을 가져요.

해 보자! 한번 해 보자! 해 보지 않으면 어떻게 될지 어떻게 알겠어.

스포츠 정신을 어떻게 가질까요? 가장 간단한 방법은 우리가 잘 못하는, 혹은 어렵다고 생각하는 일을 시도해 보려는 마음을 가지는 것이에요. 다시 말해 어려울 것 같다고 생각되는 일에 대해서 섣불리 결론을 내리지 말고 일단 한번 해 보는 거예요.

스포츠 정신이란 신체 활동을 자율적으로 창조하고 즐겁게 체험하는 것이에요. 또한 생존의 가치와 삶의 행복을 만드는 적극적인 마음이에요.

놀이나 시합은 대뇌의 행동 기능에 긍정적인 영향을 줄 수 있어요. 대결은 대뇌의 관련 영역을 자극해서 신중하게 논리적으로 추리하고 어떤 걱정이나 제한 없이 탐구할 수 있게 만들어요. 놀이 속에서 우리는 자신을 가장 순수하게 표현할 수 있고, 우리의 성격을 가장 솔직하게 드러낼 수 있어요. 이를 통해 새로운 생각을 창조하고, 호기심을 가지고, 새로운 사물에 적응하고, 적극적으로 생활의 여러 부분에 참여하는 등 사고의 영역을 넓힐 수 있어요.

놀이를 체험하는 과정에서 평소에 지나쳤던 여러 잠재적 능력이나 원래는 없었던 연관성을 발견할 수도 있어요. 동시에 자신의 의식의 흐름을 넓히고 다른 사람을 이해하는 능력을 증가시킬 수 있어요.

그러므로 미래의 주인공인 우리는 잠들어 있는 스포츠 정신을 빨리 찾아내야 해요. 앞으로는 고지식하고 융통성 없이 행동하지 말고 스포츠 정신을 더 많이 발휘해야 해요!

심리학 박사님과 이야기 나누기

40 꿈을 가져요

여러분은 꿈이 있나요? 이런 질문을 받았을 때 많은 친구가 대답을 망설여요. 왜냐하면 자신은 꿈이 없다고 생각하기 때문이죠. 사실 여기서 말하는 꿈은 그렇게 대단한 의미가 아니에요. 꿈에도 크고 작은 것이 있고 멀고 가까운 것이 있어요. 모든 친구는 다 자신만의 꿈이 있다고 믿어요. 간단하게 말해서 꿈은 바로 목표예요. 목표는 우리에게 끊이지 않는 힘을 주고, 적극성을 높여줘요. 크든 작든 꿈이 있기 때문에 우리는 그 꿈을 실현하고 싶은 생각이 들어요. 꿈이 곧 우리의 행동 나침반이에요.

꿈을 가질 때 생길 수 있는 마음
mentality

나는 내게 무슨 꿈이 있는지 모르겠어.

나는 꿈이 있지만 다른 사람에게 말하고 싶지 않아. 비웃음을 당할 거야.

꿈은 영원히 꿈일 뿐이야. 생각만 하면 돼. 노력한다고 꼭 이루어지는 것은 아니야.

심리분석 & 힌트

1. 우리는 꿈이 있는 사람이 되어야 해요!

2. 크든 작든 꿈은 모두 존중해야 할 가치가 있어요.

3. 꿈이 있어야 생활에도 방향이 생겨요.

4. 꿈이 있다면 그것을 이루는 방법을 생각해야 해요.

연습 & 설명

1 꿈은 진취적인 생각을 가지게 해요.

꿈을 이루기 위해 나는 더 많이 배우고 더 많은 일을 하고 싶어.

꿈은 진취적인 생각을 가지게 하고 당연히 생활에도 적극성이 생기게 해요.
"나는 무엇을 하고 싶어."
"나는 어떤 사람이 되고 싶어."
꿈이 있다면 공부하고 생활하는 데 방향과 목표가 생길 거예요. 꿈을 위해서 당연히 더 많이 배우고 더 많은 일을 하고 싶어질 거예요.

2 한 걸음씩 꿈을 향해 나아가요.

큰 꿈을 꾸고 있다면, 이 꿈을 하나하나의 작은 목표로 나눠야 해.

꿈이 생기면 어떻게 꿈을 이룰지 생각해야 해요. 어떤 꿈들은 매우 커서 이를 이루기 위해서는 반드시 계획을 세워야 해요. 다만 너무 장기적인 계획을 세우면 끈기를 가지고 계속 노력하기가 힘들고 적극성이 떨어질 수 있어요. 그래서 의식적으로 단기적인 목표를 세워서 끊임없이 만족감과 성취감을 느끼면서 꿈을 향해 한 걸음씩 나아가야 해요.

3 자신만의 꿈을 찾아요.

크든 작든 자신만의 꿈을 찾아야 해.

꿈은 '나는 어떤 사람이 될 거야' 또는 '나는 어떤 일을 할 거야' 혹은 '나는 어떤 소망이 있어'일 수 있어요. 크든 작든 생활 속에서 우리는 자신만의 꿈을 찾아야 해요. 그러려면 우리는 자신을 이해하고 자신이 무엇을 좋아하고 잘하는지, 가장 필요한 것은 무엇인지 등을 알아야 해요.

심리학 박사님과 이야기 나누기

인생 계획이라는 측면에서 우리의 꿈에 관해 생각해 보아요.
무엇이 인생일까요? 인생은 생명과 달라요. 생명은 객관적으로 존재하는 것이지만 인생은 개인이 주관적으로 인식하는 거예요. 우리가 자신의 미래에 대해서 생각할 때 비로소 인생이 진짜 모습을 드러내요. 인생의 관점으로 보면 우리는 더 많은 가능성을 발견할 수 있고, 인생 계획은 우리가 꿈꾸고 실천하고 확장하게 하고 꿈에 대해 자신감을 가지게 해요.
"나는 커서 축구 선수가 될 거야."
"나는 과학자가 되고 싶어."
사실 우리의 미래에 정말 이 꿈들을 실현할 수 있을지는 그렇게 중요하지 않아요. 중요한 것은 꿈을 이루려면 능력이 필요하기 때문에 꿈을 이루기 위해 준비를 해야 한다는 사실을 이해하는 거예요.
꿈은 마치 거울 같아서 꿈이 풍부할수록 자신에 대한 인식도 더욱 선명해져요. 또 꿈은 마치 비계(건축공사 때 높은 곳에서 일할 수 있도록 설치하는 임시가설물) 같아서 새로운 자아를 만들고 미래에 대한 자신만의 기대와 바람을 가지는 데 도움을 줘요.
우리는 모두 탐구하고 발전하려는 마음을 가지고 꿈의 창문을 하나하나 열어야 해요. 더 많은 가능성을 발견해야 자신의 인생길을 끊임없이 조절하고 적응할 수 있어요. 결국 자신에게 적합한 방향을 찾을 수 있고요.